합격을 결정짓는 진짜 요약서

공인중개사법·중개실무

정지웅

박문각 공인중개사
최종요약서

이론 총정리
+
족집게 문제

CONTENTS

이 책의 차례

중개사법
100선

핵심이론특강

공인중개사법령 및 중개실무
핵심이론특강

테마1 용어의 정의

[공인중개사법의 제정목적] "공전건육"

공인중개사의 업무 등에 관한 사항을 정하여 그 **전문성을 제고**하고
　　　　　　　　　　　　　　　　　　　공신력 제고(×)

부동산**중개업**을 건전하게 **육성**하여
　　중개업무(×)　　　　지도(×) 규율(×)

국민경제에 이바지함을 목적으로 한다.

[용어의 정의]

① **중개**라 함은 **중개대상물**에 대하여 거래당사자간의 매매·교환·임대차 그 밖의 **권리의 득실변경에 관한 행위를 알선**하는 것을 말한다.

> ▸중개란 중개대상물에 대하여 거래당사자간의 매매·교환·임대차 행위를 알선하는 것을 말한다. ( )
> ▸중개업이란 중개대상물에 대하여 거래당사자간의 매매 등 권리의 득실변경에 관한 행위를 알선하는 것을 말한다. ( )

■ 판례 : 중개행위는 <u>사실행위</u>이다.

[중개대상권리 및 행위 ○×]

▸점유권( )
▸지상권 · 지역권 · 전세권( )
▸저당권( )　　　▸질권( )
▸유치권의 성립( )　　▸유치권의 양도( )
▸법정지상권의 성립( )　▸법정지상권의 양도( )
▸법정저당권의 성립( )
▸등기된 환매권( )
▸담보가등기( )
▸분묘기지권( )
▸광업권( )
▸교환계약의 성립을 알선하는 행위는 중개에 해당한다( )
▸부동산 환매계약을 알선하는 행위는 중개에 해당한다( )
▸주택의 분양을 대행하는 행위는 중개행위이다( )

② **중개업**이라 함은 다른 사람의 의뢰에 의하여 **일정한 보수를 받고** 중개를 업으로 행하는 것을 말한다.

> ▸중개사무소 개설등록을 하지 아니한 자가 다른 사람의 의뢰에 의하여 보수를 받고 중개를 업으로 한 행위는 중개업에 해당한다. ( )

③ **공인중개사**라 함은 공인중개사자격을 취득한 자를 말한다.

> ▸자격을 취득하고 중개업을 영위하는 자를 말한다. ( )
> ▸자격을 취득하고 개업공인중개사에 소속된 자를 말한다. ( )

④ **개업공인중개사**라 함은 중개사무소 개설등록을 한 자를 말한다. ▸법인, 공인중개사, 부칙상 개공

> ▸중개사무소 개설등록을 한 공인중개사를 말한다. ( )

⑤ **소속공인중개사**라 함은 개업공인중개사에 소속된 공인중개사(법인의 사원 또는 임원으로서 공인중개사인 자를 **포함**한다)로서 중개업무를 **수행**하거나 개업공인중개사의 중개업무를 **보조**하는 자를 말한다.

> ▸법인인 개업공인중개사의 사원인 공인중개사로서 중개업무를 수행하는 자는 소속공인중개사이다. ( )
> ▸공인중개사로서 개업공인중개사에 소속되어 그의 중개업무를 보조하는 자는 소속공인중개사이다. ( )
> ▸공인중개사가 아닌 자로서 개업공인중개사에게 고용되어 중개업무를 수행하는 자는 소속공인중개사이다. ( )

⑥ **중개보조원**이라 함은 **공인중개사가 아닌 자**로서 개공에 소속되어 **현장안내 및 일반서무** 등 개업공인중개사의 중개업무와 관련된 **단순한 업무**를 **보조**하는 자를 말한다.

> ▸중개보조원이란 개업공인중개사에 소속된 공인중개사로서 중개업무와 관련된 단순한 업무를 보조하는 자를 말한다( )
> ▸공인중개사가 아닌 자로서 개업공인중개사에 소속되어 중개업무를 수행하거나 보조하는 자를 말한다. ( )
> ▸공인중개사가 아닌 자로서 개공에 소속되어 현장안내와 중개대상물의 확인·설명의무를 부담하는 자를 말한다( )

테마2 중개대상물

[중요 판례]

① 장래 건축될 건물은 중개대상물이다. (   )

② 동·호수가 특정되어 분양계약이 체결된 장차 건축될 특정한 건물(   )

③ 아파트의 분양예정자로 선정될 수 있는 지위인 입주권(   )

④ 이주자택지를 공급받을 지위인 대토권(   )

⑤ 중개대상물인 건축물은 **민법**상 부동산인 건축물에 한정된다. (   )

[중개대상물 ○×]

1. 지붕, 기둥 및 주벽을 갖춘 미등기 건물(   )
2. 지붕 및 기둥을 갖추고 주벽이 없는 세차장 구조물(   )
3. 가압류된 건물(   )
4. 경매개시결정등기가 된 토지(   )
5. 유치권이 행사 중인 건물(   )
6. 법정지상권이 성립된 토지(   )
7. 법정저당권이 성립된 건물(   )
8. 군사시설보호구역 내의 토지(   )
9. 개발제한구역 내의 토지(   )
10. 명인방법 갖추지 않은 수목의 집단(   )
11. 명인방법 갖춘 수목의 집단(   )
12. 토지로부터 분리된 수목(   )
13. 영업용 건물의 영업시설, 비품(   )
14. 거래처, 신용, 영업상의 노하우(   )
15. 소유권보존등기가 된 수목의 집단(   )
16. 공장 및 광업재단 저당법에 따른 광업재단, 공장재단(   )
17. 금전채권(   )
18. 공용폐지가 되지 않은 행정재산인 토지(   )
19. 사권이 소멸된 포락지(   )
20. 무주의 토지(   )
21. 채굴되지 않은 광물(   )

테마3 중개업

① 보수를 현실적으로 받지 않고 받을 것을 <u>약속하거나 요구하는데</u> 그친 경우에는 중개업에 해당하지 않는다. (   )

② 중개사무소 개설등록을 하지 않은 자가 부동산 거래를 중개한 후 보수를 약속·요구한 행위는 공인중개사법 위반으로 처벌된다. (   )

③ 중개행위가 부동산 컨설팅행위에 부수하여 이루어진 경우에는 중개업에 해당하지 않는다. (   )

④ <u>우연한 기회에</u> 단 1회 중개행위를 하고 보수를 받은 것은 중개업에 해당하지 않는다. (   )

[무등록중개업과 보수청구권]

① 공인중개사 자격이 없는 자가 중개사무소 개설등록을 하지 아니한 채 부동산**중개업**을 하면서 체결한 <u>중개보수 지급약정</u>은 **무효**이다.

② 공인중개사 자격이 없는 자가 우연한 기회에 단 1회 중개를 한 경우 과다하지 않은 **중개보수 지급약정**은 유효하다.
  ▶ 중개업이 아니므로 ▶ 과다한 경우 감액을 청구할 수 있다.

▶ 자격× 등록× 1. 중개업을 한 경우 : 보수약정은 무효
              2. 중개업이 아닌 경우 : 보수약정은 유효

[무등록중개업]

① 거래당사자가 무자격자에게 중개를 의뢰한 행위는 공인중개사법 위반으로 처벌된다. (   )
  ▶ <u>미등기 전매에 대한 중개를 의뢰한 거래당사자</u>는 **공인중개사법 위반으로 처벌할 수 없다.** 공동정범(X)

② 변호사가 중개업을 하려는 경우 중개사무소 개설등록기준을 적용받아야 한다. (   )

③ 공인중개사가 개설등록을 하지 않은 채 부동산 중개업을 하는 경우 형사처벌 대상이 된다. (   )

④ 공인중개사가 아니어서 애초에 중개사무소 개설등록을 할 수 없는 사람이 개설등록을 하지 않고 중개업을 영위하는 경우에는 공인중개사법상 형사처벌 대상이 되지 않는다. (   )

테마4 　공인중개사 정책심의위원회

[설치 및 심의사항]

① 국토교통부에 둘 수 있다. 　두어야 한다(×)

> **[심의사항]**
> ▸ **공**인중개사의 시험 등 자격취득에 관한 사항
> ▸ **부동산** 중개업의 육성에 관한 사항
> ▸ **손해배상책임**의 보장 등에 관한 사항
> ▸ **중개보수** 변경에 관한 사항

② 심의위원회에서 시험등 자격취득에 관한 사항을 심의한 경우 시·도지사는 이에 따라야 한다.

　▸ 중개보수 변경에 관한 사항을 심의한 경우 시·도지사는 이에 따라야 한다. ( )

[구성]

① 위원장 1인 포함한 7명 이상 11명 이내 위원

② 위원장은 국토교통부 제1차관이 된다. ▸장관(X)
위원은 국토교통부장관이 임명하거나 위촉한다.
　▸ 임기는 2년이며 1회에 한하여 연임할 수 있다. ( )

③ 위원장이 직무를 수행할 수 없게 된 때에는 위원장이 미리 지명한 위원이 직무를 대행한다.
　　　▸ 부위원장(×)

[제척 · 회피 · 해촉]

① 아래에 해당하는 위원은 심의·의결에서 제척된다.

> 1. 위원 또는 배우자(이었던)가 해당 안건의 당사자
> 2. 위원이 해당 안건의 당사자와 친족, 친족이었던 경우
> 3. 위원이 해당 안건에 대하여 증언, 진술, 자문, 조사, 연구, 용역, 감정을 한 경우
> 4. 위원이나 위원이 속한 법인, 단체가 해당 안건 당사자의 대리인 또는 대리인이었던 경우

② 국토교통부장관은 제척 사유임에도 스스로 회피하지 아니하는 위원을 해촉할 수 있다.

　▸ 심의위원회 위원이 제척 사유임에도 불구하고 스스로 심의·의결에서 회피하지 아니하는 경우 위원장은 해당 위원을 해촉할 수 있다. ( )
　▸ 심의위원회 위원의 **임명 및 해촉권자 : 국토부장관**

[회의소집 · 의결]

① 회의는 출석위원의 과반수 찬성으로 의결한다.
　▸ 재적위원 과반수 찬성으로 의결한다. ( )

② 위원장은 회의를 소집하려면 긴급하거나 부득이한 사유가 없는 한 회의 개최 __일 전까지 일시, 장소 및 안건을 각 위원에게 통보해야 한다.

　▸ 긴급하게 개최하여야 하거나 부득이한 사유가 있는 경우에는 전날까지 통보할 수 있다.

[심의위원회 의결사항]

> 1. **국토교통부장관**이 직접 시험문제를 출제하거나 시험을 시행하려면 **심의위원회의 의결**을 미리 거쳐야 한다.
> 2. 시험은 매년 **1회 이상** 시행하되, **심의위원회의 의결을 거쳐** 해당 연도에는 시험을 시행하지 않을 수 있다.
> 3. 안건의 당사자는 위원에게 공정한 심의·의결을 기대하기 어려운 사정이 있는 경우에는 심의위원회에 기피 신청을 할 수 있고, **심의위원회는 의결**로 이를 결정한다.

테마5 　공인중개사 시험제도

[응시자격]

① 자격이 취소되고 3년이 지나지 아니한 자
　→ 공인중개사( ) 중개보조원( )

② 부정행위자는 시험의 **무효처분일부터 5년간**
　→ 공인중개사( ) 중개보조원( )

③ 시험시행기관장은 부정행위자의 명단을 지체 없이 다른 시험시행기관장에게 통보해야 한다.

▸미성년자, 피성년후견인, 금고·징역 집행유예기간 만료 후 2년이 지나지 아니한 자 : 공인중개사( )

[자격증 교부]

① 시·도지사는 합격자에게 국토교통부령으로 정하는 바에 따라 공인중개사자격증을 교부해야 한다.
　국토교통부장관×

② 시·도지사는 합격자 결정공고일부터 **1개월** 이내에 자격증교부대장에 기재한 후 자격증을 교부해야 한다.

③ 자격증 재교부 신청서는 자격증을 교부한 시·도지사에게 제출해야 한다.

[공인중개사자격증, 중개사무소등록증]

① 시·도지사 → 자격증 교부

　등록관청(시장·군수 또는 구청장) → 등록증 교부

② 자격증 양도·대여 : 자격취소

　등록증 양도·대여 : 절대적 등록취소

[자격증 대여 관련 판례]

① 무자격자가 공인중개사의 업무를 수행했는지 여부는

▸ 외관상 공인중개사가 직접 업무를 수행하는 형식을 취하였는지 여부에 따라 판단해야 한다. ( )

▸ 실질적으로 무자격자가 공인중개사의 명의를 사용하여 업무를 수행하였는지 여부로 판단해야 한다. ( )

▸ 중개보조원이 거래 성사시켜 작성한 계약서에 공인중개사가 직접 서명 및 날인을 한 것은 자격증 대여에 해당한다.

② '부동산뉴스 대표' = 공인중개사와 유사한 명칭

▸ 1년 이하 징역 또는 1천만원 이하 벌금

테마6 실무, 직무, 연수, 예방교육

① 실무교육, 연수교육 실시권자 : 시·도지사

　직무교육 실시권자 : 시·도지사 또는 등록관청

② **실무교육 대상자**(실무수습 포함 : 1. 2. 3.)

> 1. 등록을 신청하려는 공인중개사 : 등록신청일 전 1년 이내
> 2. 법인의 사원 또는 임원 전원 : 등록신청일 전 1년 이내
> 3. 분사무소의 책임자 : 분사무소 설치신고일 전 1년 이내
> 4. 소속공인중개사 : 고용신고일 전 1년 이내 (실무수습×)

▸ 실무교육 면제 : 폐업신고 / 고용관계 종료신고 후 1년 이내에 다시 등록하거나 소공으로 고용신고 하려는 자

▸ 폐업신고일부터 2년이 지난 후 다시 중개사무소 개설 등록을 하려는 자는 연수교육을 받아야 한다. ( )

③ **직무교육 대상자** : 중개보조원

▸ 고용 신고일 전 1년 이내에, 고용관계 종료신고 후 1년 이내에 다시 고용신고하는 경우 직무교육 면제

④ **연수교육**

▸ 개업공인중개사 및 소속공인중개사는 실무교육을 받은 후 2년마다 연수교육을 받아야 한다.

▸ 연수교육을 실시하려는 경우 2년이 되기 __개월 전까지 일시·장소·내용 등을 통지해야 한다.

⑥ **교육내용**

▸ 실무교육 : 법률지식, 경영실무, 직업윤리

▸ 직무교육 : 직업윤리

▸ 연수교육 : 법·제도의 변경사항, 경영실무, 직업윤리

⑦ **교육시간**

▸ 실무교육 : ____시간 이상 ____시간 이하

▸ 직무교육 : ____시간 이상 ___시간 이하

▸ 연수교육 : ____시간 이상 ___시간 이하

⑧ 국토교통부장관은 시·도지사가 실시하는 실무·직무·연수교육의 전국적 균형유지를 위하여 해당 교육의 지침을 마련하여 시행할 수 있다.

⑨ 국토부장관, 시·도지사 및 등록관청은 개업공인중개사 등의 부동산거래사고 예방교육을 실시할 수 있다. ▸중개보조원 포함

▸ **예방교육** : 교육일 __일 전까지 일시·장소·내용을 공고하거나 대상자에게 통지해야 한다.

▸ 국토교통부장관, 시·도지사 및 등록관청은 **예방교육**에 필요한 **비용을 지원**할 수 있다.

■ **교육의 실시권자 및 위탁권자**

> **[교육의 실시권자]**
>
> · 실무교육 및 연수교육 : 시·도지사
>
> · 직무교육 : 시·도지사 또는 등록관청
>
> **[교육 업무의 위탁권자]** : 시·도지사
>
> ㉠ 공인중개사협회
>
> ㉡ 공기업 또는 준정부기관
>
> ㉢ 부동산 관련 학과가 개설된 학교
>
> ◆교육업무의 수탁기관이 갖출 요건
>
> 　: 강의실 1개소 이상, 면적은 50㎡ 이상

▸ 등록관청은 직무교육을 실시할 수 있다. ( )

▸ 등록관청은 직무교육 업무를 협회에 위탁할 수 있다. ( )

> ※ 공인중개사 자격시험 업무의 위탁 : 시험시행기관
>
> ㉠ 공인중개사협회
>
> ㉡ 공기업 또는 준정부기관　▸학교(×)

테마7 등록신청자, 등록관청, 등록기준

[등록신청자 및 등록관청]

① 공인중개사(소속공인중개사 **제외**) 또는 법인이 아닌 자는 개설등록을 신청할 수 없다.

▸ 소속공인중개사는 중개사무소 개설등록을 신청할 수 있다( )

② **등록관청** : 중개사무소 소재지 관할 **시장**(구가 설치되지 않은 시와 특별자치도의 행정시) · 군수 또는 구청장

▸ 구가 설치된 시의 시장 : 등록관청( )

▸ 구가 설치되지 아니한 시의 시장 : 등록관청( )

▸ 중개사무소 소재지를 관할하는 특별자치도의 행정시의 시장은 등록관청이 된다. ( )

▸ 시·도지사는 개설등록을 한 자에 대하여 국토교통부령이 정하는 바에 따라 중개사무소등록증을 교부해야 한다. ( )

[법인의 등록기준]

① 자본금 5천만원 이상인 「상법」상 회사 또는 「협동조합기본법」에 따른 협동조합이어야 한다.

▸ 사회적협동조합은 중개사무소 개설등록을 할 수 있다( )

② 겸업제한에 위배되지 않는 업무만 영위할 목적으로 설립된 법인이어야 개설등록을 할 수 있다.

▸ 택지의 분양대행, 이사업체 운영 등을 목적으로 설립된 법인은 개설등록을 할 수 있다. ( )

③ 대표자는 공인중개사이어야 하며, 대표자를 **제외한** 임원 또는 사원의 3분의 1 이상은 공인중개사이어야 한다.

▸ 대표자를 제외한 임원 또는 사원이 4명인 경우 그중 1명 이상이 공인중개사이어야 한다. ( )

④ 대표자, 임원·사원 **전원** 실무교육 이수

▸ 실무교육을 받는 것은 등록기준에 해당한다. ( )
▸ 공인중개사가 아닌 임원 또는 사원도 실무교육을 받아야 한다. ( )

⑤ 준공검사 · 준공인가 · 사용승인 · 사용검사 등을 받은 경우, 건축물대장에 기재되기 전의 건물에도 개설등록을 할 수 있다.

▸ 사용승인을 받았으나 건축물대장에 기재되지 않은 건물에 중개사무소 개설등록을 할 수 없다. ( )

▸ 가설건축물대장에 기재된 건축물에 중개사무소 개설등록을 할 수 있다. ( )

▸ 소유 · 전세 · 임대차 · 사용대차 등 사용권 확보

▸ 손해배상책임을 보장하기 위한 보증의 설정은 중개사무소 개설등록기준에 해당한다. ( )

▸ 다른 법률에 따라 중개업을 할 수 있는 법인은 공인중개사법령상 등록기준을 갖추어야 한다. ( )

테마8 등록절차

[등록신청시 제출서류]

▸ 법인등기사항증명서( ) 건축물대장( ) : 공무원 확인

▸ 공인중개사자격증 사본( ) : 시·도지사에게 자격확인 요청

▸ 실무교육 수료증 사본(교육 위탁받은 기관단체가 교육 수료 여부를 등록관청이 전자적으로 확인할 수 있도록 조치한 경우는 제출×)

▸ 여권용 사진

▸ 사무소 사용권 확보 증명서류. 단, 건축물대장에 기재되지 않은 건물에 확보한 경우에는 건축물대장 기재가 지연되는 사유를 함께 내야 한다.

▸ 외국인(법인) : 결격사유에 해당하지 않음을 증명하는 서류

▸ 외국에 주된 영업소를 둔 법인 : 상법상 외국회사 규정에 따라 영업소 등기를 증명할 수 있는 서류를 첨부해야 한다.

▸ 개설등록신청서에 보증설정 증명서류를 첨부해야 한다( )
▸ 개설등록신청서에는 인장등록신고서가 포함되어 있다. ( )
▸ 개설등록신청서에는 공인중개사자격증 발급 시·도를 기재해야 한다. ( )
▸ 등록을 신청하는 자는 지방자치단체 조례가 정하는 수수료를 납부해야 한다. ( )

[등록절차]

① 등록관청은 개설등록을 하고, 등록신청을 받은 날부터 7일 이내에 서면으로 통지해야 한다.

▸ 등록관청은 등록신청을 받은 날부터 7일 이내에 중개사무소등록증을 교부해야 한다. ( )

② 중개사무소 개설등록을 한 때에는 업무를 개시하기 전에 보증을 설정하여 신고해야 한다.

▸ 중개사무소 개설등록 전에 보증을 설정해야 한다. ( )

③ 등록관청은 중개사무소의 개설등록을 한 자에 대하여 국토교통부령으로 정하는 바에 따라 중개사무소 등록증을 교부해야 한다.

▸ 등록관청은 중개사무소등록증을 교부하기 전에 등록을 한 자가 보증을 설정했는지 여부를 확인해야 한다. ( )

▸ 국토교통부장관은 개설등록을 한 자에 대하여 국토교통부령으로 정하는 바에 따라 중개사무소등록증을 교부해야 한다. ( )

④ 중개사무소 개설등록 후 3개월을 초과하여 업무를 개시하지 않고자 하는 경우 이를 신고해야 한다.

⑤ 등록관청은 매월 다음의 사항을 다음 달 10일까지 공인중개사협회에 통보해야 한다.

1. 중개사무소등록증을 교부한 때
2. 중개사무소 이전신고를 받은 때
3. 분사무소의 설치신고를 받은 때
4. 고용신고·고용관계종료 신고를 받은 때
5. 휴업신고, 폐업신고, 휴업기간 변경신고, 중개업의 재개 신고를 받은 때
6. 등록취소 또는 업무정지 처분을 한 때

▸ 중개보조원의 고용신고를 받은 등록관청은 그 사실을 협회에 통보해야 한다. ( )

▸ 등록관청은 중개사무소 개설등록 취소처분을 한 사실을 시·도지사에게 통보해야 한다. ( )

테마9 등록의 결격사유

① 미성년자, 피한정후견인, 피성년후견인

▸ 2004년 9월 1일 출생한 자는 2023년 9월 1일 0시에 결격에서 벗어난다.
▸ 19세에 달하지 아니한 자 : 결격( )
▸ 피한정후견인, 피성년후견인 : 결격( )
▸ **피특정후견인 : 결격( )**

② 파산선고를 받고 복권되지 않은 자

▸ 파산선고를 받고 복권된 자 : 결격×
▸ 파산선고 받고 복권된 후 1년이 지난 자 : 결격( )

사기죄, 횡령죄, 배임죄, 도로교통법 위반...

③ 금고 또는 징역형의 실형선고를 받고 집행이 종료된 날부터 3년이 지나지 아니한 자
④ 금고 또는 징역형의 실형선고를 받고 집행이 면제된 날부터 3년이 지나지 아니한 자

▸ 형법상 사기죄로 징역형의 실형을 선고받고 형의 집행이 종료된 날부터 3년이 지나지 아니한 자 : 결격( )
▸ 도로교통법을 위반하여 금고형의 실형을 선고받고 형의 집행이 면제된 날부터 3년이 지나지 아니한 자 : 결격( )

⑤ 금고 또는 징역형의 집행유예를 받고 그 유예기간이 만료된 날부터 2년이 지나지 아니한 자

▸ 금고형의 집행유예를 받고 그 유예기간이 만료된 날부터 1년이 지난 자 : 결격( )
▸ 징역형의 선고유예를 받고 1년이 지난 자 : 결격( )
▸ 사기죄로 징역 2년형을 선고받고 그 형의 집행이 3년간 유예된 후 그 유예기간이 종료된 공인중개사는 중개사무소 개설등록을 할 수 있다. ( )

⑥ **공인중개사법**을 위반하여 **300만원 이상의 벌금형** 선고를 받고 3년이 지나지 아니한 자

▸ 중개사법 위반으로 200만원 벌금형 선고 : 결격( )
▸ 도로교통법 위반으로 300만원 이상 벌금형 : 결격( )

⑦ 자격취소 후 3년이 지나지 아니한 자
⑧ 자격정지기간 중인 자

▸ 자격정지처분을 받고 6개월이 지난 자 : 결격( )

⑨ 등록취소 후 3년이 지나지 아니한 자(원칙)

▸ 등록증 대여를 이유로 중개사무소 개설등록이 취소된 후 3년이 지나지 아니한 자 : 결격( )
▸ 거짓 부정한 방법으로 등록한 이유로 중개사무소 개설등록이 취소된 후 3년이 지나지 아니한 자 : 결격( )

■ 甲이 개업인중개사가 될 수 있는 때는 언제인가? (단, 초일은 기간에 산입한다)

> ‣ 등록증을 대여하고 중개업을 하게 한 상태에서 2020년 7월 1일 중개사무소를 폐업하였음
> ‣ 2021년 7월 1일 다시 중개사무소 개설등록을 함
> ‣ 폐업 전의 위반사실이 적발되어 2021년 9월 1일 개설등록이 취소됨
>
> 2023년 9월 1일

[등록취소가 되더라도 결격사유에 해당하지 않는 경우]

‣ 등록기준 미달로 중개사무소 개설등록이 취소된 후 3년이 지나지 아니한 자 : 결격(　)

‣ 법인인 개공의 해산을 이유로 등록이 취소된 후 3년이 지나지 아니한 대표자이었던 자 : 결격(　)

[결격사유로 등록취소가 되는 경우] ‣ 결격 해소된 때

‣ 징역 1년에 집행유예 2년을 선고(2020년 7월 1일)받아 등록이 취소(2020년 9월 1일)된 자는 2024년 7월 1일 다시 개업공인중개사가 될 수 있다.

⑩ 업무정지처분을 받고 폐업신고를 한 자로서 업무정지기간이 지나지 아니한 자

⑪ 업무정지기간 중인 중개법인의 업무정지사유가 발생한 당시의 사원 또는 임원이었던 자

‣ 업무정지사유가 발생한 후에 선임된 사원·임원 : 결격(　)

⑫ 결격사유에 해당하는 자가 사원 또는 임원으로 있는 법인

‣ 자격취소 후 3년이 지나지 아니한 자가 임원으로 있는 법인 : 결격(　)

‣ 법인의 사원 또는 임원이 결격사유에 해당하고 2개월 이내에 그 사유를 해소하지 않으면 : 절대적 등록취소

‣ 소속공인중개사 또는 중개보조원이 결격사유에 해당되고 그 사유를 2개월 이내에 해소하지 않으면 : 순수 업무정지

테마10　중개사무소 설치 및 이전

[이중사무소 설치금지]

‣ 등록관청 관할구역 내에 1개의 중개사무소만 둘 수 있다.
‣ 중개사무소는 그 면적이 50㎡ 이상이어야 한다. (　)

‣ 이중으로 중개사무소 개설등록을 한 자
 - 절대적 등록취소 + 1년 이하 징역 또는 1천 이하 벌금
‣ 둘 이상의 중개사무소를 둔 자, 임시 중개시설물
 - 임의적 등록취소 + 1년 이하 징역 또는 1천 이하 벌금

[게시의무 - 개업공인중개사의 의무]

① 중개사무소등록증 원본
　‣ 분사무소 : 분사무소설치신고확인서 원본
② 개공 및 소공 공인중개사자격증 원본
③ 보증설정 증명서류
④ 중개보수 요율표
⑤ 부가가치세법에 따른 사업자등록증

‣ 실무교육 수료증×

‣ 소공의 자격증 원본 게시× : 개공에게 100만 이하 과태료

[간판철거의무] ★과태료 없음

① 중개사무소 이전신고, 폐업신고, 등록취소
　⇨ 지체 없이 간판을 철거해야 한다.
　‣ 휴업신고× 업무정지처분×

② 철거를 이행하지 않는 경우 등록관청은 행정대집행을 할 수 있다.
　‣ 이전신고, 폐업신고 후 간판을 철거하지 아니한 경우 100만원 이하의 과태료를 부과한다. (　)

[중개사무소 명칭 및 성명표기의무]

① 공인중개사인 개공 및 법인인 개공은 사무소 명칭에 다음의 문자를 사용해야 한다.
　○○공인중개사사무소　또는　○○부동산중개○○○

② 부칙상 개공은 '공인중개사사무소'라는 문자를 사용해서는 안 된다.

③ 옥외광고물에 개공(법인은 대표자, 분사무소는 책임자)의 성명을 표기해야 한다.

④ 개공이 아닌 자는 공인중개사사무소, 부동산중개 또는 이와 유사한 명칭을 사용해서는 안 된다.

‣ ①②③ 100만 이하 과태료
‣ ④ 1년 이하 징역 또는 1천만원 이하 벌금
‣ ①②③④ 등록관청은 간판의 철거를 명할 수 있다.
‣ 철거명령을 받은 자가 이를 이행하지 않는 경우 등록관청은 「행정대집행법」에 따라 대집행을 할 수 있다.

‣ 개업공인중개사는 옥외광고물을 설치할 의무가 있다. (　)
‣ 옥외광고물에는 등록번호, 연락처를 표기해야 한다. (　)

비교
‣ 옥외광고물 : 성명
‣ 표시·광고 : 사무소 명칭, 소재지, 연락처, 등록번호, 성명

[중개대상물의 표시 · 광고]

① 중개대상물의 표시 · 광고를 하려면 <u>중개사무소 및 개업공인중개사에 관한 사항</u>을 명시해야 하며, <u>중개보조원은 명시</u>해서는 아니 된다.

> 1. 사무소 명칭, 소재지, 연락처, 등록번호
> 2. 개업공인중개사의 성명(법인은 대표자 성명)
>
> ‣ 명시X, 보조원 명시한 경우 : 100만원 이하 과태료

② 개업공인중개사가 <u>아닌 자</u>는 중개대상물에 대한 표시 · 광고를 해서는 안 된다.

> ‣ 1년 이하 징역 또는 1천만원 이하 벌금 ‣ **포상금 지급사유**

[인터넷 표시 · 광고]

인터넷을 이용하여 표시 · 광고를 하는 때에는 <u>중개사무소 및 개업공인중개사에 관한 사항</u> 외에 **중개대상물의 종류별로 다음의 사항**을 명시해야 한다.

> ‣ <u>등록관청이 개공에게 100만원 이하 과태료 부과</u>

> 1. <u>사무소 명칭, 소재지, 연락처, 등록번호, 개공 성명</u>
> 2. <u>중개대상물 종류, 소재지, 면적, 가격</u>
> 3. <u>거래 형태</u>
> 4. 건축물 및 그 밖의 토지의 정착물인 경우
>   1) **총** 층수
>   2) **사용**승인·사용검사·준공검사 등을 받은 날
>   3) 건축물 **방**향, 방 **개수**, 욕실 **개수**, 입주가능일, **주차대수** 및 **관리비**

[부당한 표시·광고 금지]

> 1. **존재**하지 <u>않아서</u> 실제로 거래할 수 없는 중개대상물에 대한 표시·광고
> 2. **존재**하지만 실제로 <u>중개의 대상이 될 수 없는</u> 중개대상물에 대한 표시·광고
> 3. **존재**하지만 실제로 <u>중개할 의사가 없는</u> 중개대상물에 대한 표시·광고
> 4. 선택에 중요한 영향을 미칠 수 있는 사실을 **빠뜨리거나** <u>은폐·축소</u>하는 등 소비자를 속이는 표시·광고
> 5. <u>가격 등을 사실과 **다르게** 거짓으로 표시·광고</u>하거나 사실을 **과장**되게 하는 표시·광고

> ‣ **등록관청**이 개공에게 500만원 이하 과태료 부과
> ‣ 구체적(세부적)인 표시·광고 유형과 기준은 국토교통부장관이 정하여 고시한다.

[인터넷 표시·광고 모니터링]

① <u>국토교통부장관</u>은 인터넷 표시·광고가 부당한 표시·광고 금지를 준수하는지 여부를 모니터링

② 모니터링을 위하여 **정보통신서비스 제공자**에게 관련 자료의 제출을 요구할 수 있다.

> ‣ 불응 : 국토교통부장관이 500만원 이하 과태료 부과

③ 모니터링 결과에 따라 정보통신서비스 제공자에게 위반이 의심되는 표시·광고 확인 또는 추가정보의 게재 등 조치를 요구할 수 있다.

> ‣ 불응 : 국토교통부장관이 500만원 이하 과태료 부과

④ <u>국토교통부장관</u>은 모니터링 업무를 다음의 기관에 <u>위탁</u>할 수 있으며 위탁기관에 필요한 예산을 지원할 수 있다.

> 1. **공공기관**
> 2. **정부출연** 연구기관
> 3. **민법**에 따라 설립된 비영리법인으로서 인터넷 표시·광고 모니터링 업무를 수행하는 법인
> 4. 전문인력, 전담조직을 갖췄다고 국토교통부장관이 **인정**하는 기관 또는 단체

[모니터링 업무의 내용 및 방법]

■ 모니터링의 종류

> ‣ 기본 : 분기별로 실시
> ‣ 수시 : <u>국토부장관이 필요하다고 판단하여 실시</u>

1. 모니터링 기관은 계획서를 국토부장관에게 제출
> ‣ 기본 : 매년 <u>12월 31일까지</u> 국장에게 제출
> ‣ 수시 : 계획서 국토부장관에게 제출

2. 결과보고서를 국토부장관에게 제출
> ‣ 기본 : <u>매 분기 마지막 날부터 30일 이내</u> 제출
> ‣ 수시 : <u>업무 완료한 날부터 15일 이내</u> 제출

3. 조사 및 조치 요구 : 국토부장관은 결과보고서를 시·도지사 및 등록관청에 통보하고 조사 및 조치를 요구할 수 있다.

4. 결과 통보 : 시·도지사 및 등록관청은 <u>조사·조치 완료한 날부터 10일 이내</u>에 국토교통부장관에게 통보해야 한다.

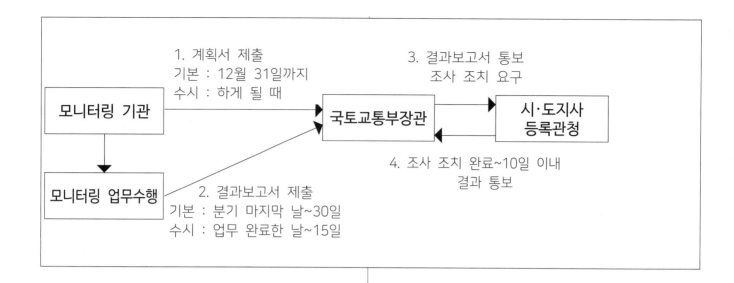

1. 계획서 제출
   기본 : 12월 31일까지
   수시 : 하게 될 때

3. 결과보고서 통보
   조사 조치 요구

4. 조사 조치 완료~10일 이내
   결과 통보

2. 결과보고서 제출
   기본 : 분기 마지막 날~30일
   수시 : 업무 완료한 날~15일

[중개사무소 이전]

① 이전한 날부터 10일 이내에 신고. 관할지역 외로 이전한 경우 **이전 후의 등록관청**에 신고

  ▸ 구비서류 : 중개사무소등록증, 사무소 확보 증명서류

② 관할지역 외로 이전 : 등록증 재교부
  ▸ 관할지역 **내로** 이전한 경우 등록증을 재교부하거나 기존의 등록증에 변경사항을 적어 이를 교부해야 한다.

③ 관할지역 외로 이전 : 이전 후 등록관청의 요청으로 이전 전의 등록관청은 **지체 없이** 다음의 서류를 이전 후의 등록관청에 송부해야 한다.

  ▸ 중개사무소등록대장
  ▸ 중개사무소 개설등록 신청서류
  ▸ 최근 1년간의 행정처분서류 및 절차가 진행 중인 서류

④ 이전신고 전에 발생한 사유로 인한 행정처분은 **이전 후의 등록관청**이 행한다.

  ▸ 이전신고 하지 않은 경우 : 100만 이하 과태료
  ▸ 등록관청은 중개사무소 이전신고를 받은 것, 분사무소 설치신고를 받은 것을 협회에 통보해야 한다.

[중개사무소등록증을 첨부하는 경우]

1. 중개사무소 이전신고서
2. 인장등록신고서, 등록인장 변경신고서
3. 부동산중개업 휴업신고서
4. 부동산중개업 폐업신고서

테마11 분사무소 설치 및 이전

(1) 분사무소의 설치요건

① 주된 사무소가 속한 시 · 군 · 구를 **제외한** 시·군·구별로 설치하되, 시·군·구별로 1개소를 초과할 수 없다.

  ▸ 주된 사무소가 소재하는 시 도 내에 분사무소를 둘 수 없다. ( )
  ▸ 분사무소는 시·도별로 1개소를 초과할 수 없다. ( )
  ▸ 동일한 시·군·구 내에 주된 사무소와 분사무소를 함께 둘 수 있다. ( )

② 분사무소의 책임자는 공인중개사이어야 한다.

  ▸ 다른 법률에 따라 중개업을 할 수 있는 법인의 분사무소 책임자는 공인중개사이어야 한다. ( )
  ▸ 공인중개사인 개업공인중개사는 등록관청에 신고하고 그 관할지역 외의 지역에 분사무소를 둘 수 있다. ( )

[분사무소설치신고확인서를 첨부하는 경우]

1. 분사무소 이전신고서
2. 분사무소 휴업신고서
3. 분사무소 폐업신고서

(2) 분사무소의 설치절차

① <u>주된</u> 사무소 관할 등록관청에 설치신고서 제출

> ▸ 분사무소 소재지를 관할하는 등록관청에 설치신고서를
> 제출해야 한다. ( )
> ▸ 설치신고를 하는 경우 국토교통부령으로 정하는 수수료를
> 납부해야 한다. ( )

> ※ **첨부서류**
> ▸ 법인등기사항증명서( ) 건축물대장( )
> ▸ 책임자의 공인중개사 자격증 사본( )
> ▸ 책임자의 실무교육 수료증 사본
> ▸ <u>보증의 설정을 증명할 수 있는 서류</u>
> ▸ 분사무소 확보 증명서류

> ▸ 보증설정 증명서류 : 등록신청시 제출( )

② 설치신고를 받은 등록관청은 그 신고내용이 적합한
경우에는 <u>국토교통부령으로 성하는 신고확인서</u>를
교부해야 한다.

③ 등록관청은 **지체 없이** 그 분사무소 설치 예정
지역을 관할하는 시장·군수 또는 구청장에게
이를 통보해야 한다.

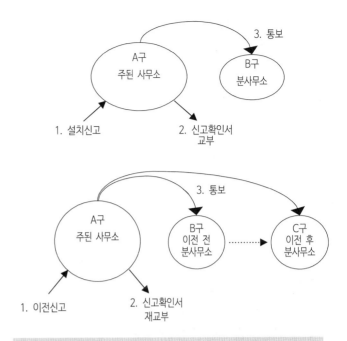

(3) 분사무소의 이전절차

① 이전한 날부터 10일 이내에 **주된** 사무소 관할
등록관청에 이전신고서를 제출해야 한다.

> ▸ 구비서류   1. <u>분사무소설치신고확인서</u>
>   2. 분사무소 확보를 증명하는 서류

> ▸ 이전 후의 분사무소 관할 등록관청에 신고해야 한다. ( )
> ▸ 분사무소 이전신고를 하는 법인인 개업공인중개사는
> 중개사무소등록증을 첨부해야 한다. ( )

② 신고확인서 재교부. 다만, 관할지역 **내로** 이전한
경우에는 기존의 신고확인서에 변경사항을
기재하여 이를 **교부할 수 있다.**

③ 등록관청은 분사무소의 이전신고를 받은 때에는
지체 없이 이전 전 및 이전 후의 분사무소를
관할하는 시·군·구에 이를 통보해야 한다.

> ▸ <u>분사무소 이전신고를 받은 등록관청은 이전 전의 분사무소를
> 관할하는 시·군·구에 서류의 송부를 요청해야 한다. ( )</u>
> ▸ 분사무소 이전신고의 경우 서류송부 절차는 없다.

> ※ <u>지방자치단체 **조례**로 정하는 수수료 납부</u>
> 1. <u>시·도지사가 시행하는 자격시험에 응시하는 자</u>
> 2. 중개사무소 개설등록을 신청하는 자
> 3. 분사무소 설치신고를 하는 자
> 4. 자격증, 등록증, 분사무소설치신고확인서 재교부를
> 신청하는 자
> ▸ 국토교통부장관이 시행하는 자격시험에 응시하는 자(×)
> ▸ 공인중개사자격증을 처음으로 교부받는 자(×)

[중개사무소 공동사용]

① 중개사무소를 공동으로 사용하고자 중개사무소
개설등록 또는 사무소 이전신고를 하는 때에 그
사무소를 사용할 권리가 있는 <u>다른 개공의 승낙서</u>
를 첨부해야 한다.   ▸ 임대인의 승낙서(×)

② <u>업무정지 기간 중인 개업공인중개사의 사무소를
공동으로 사용하기 위해</u> 다른 공인중개사가 등록
을 신청할 수 없고, 중개사무소 이전신고를 할
수 없으며, 분사무소 설치신고를 할 수 없다.
> ▸ 업무정지 개업공인중개사가 영업정지 처분을 받기 전부터
> 공동사용 중이었던 다른 개공은 중개업무를 할 수 있다.

③ 업무정지기간 중인 개업공인중개사는 중개
사무소 공동사용을 위하여 다른 개업공인중
개사의 사무소로 이전할 수 없다.
> ▸ 개업공인중개사는 휴업기간 중인 다른 개업공인중개사의
> 중개사무소를 공동으로 사용하기 위해 사무소 이전신고를
> 할 수 있다. ( )

법인인 개공 : 중개업 + 5개 + 경공매 + 그 밖의 업무(×)
공인중개사인 개공 : 중개업 + 5개 + 경공매 + 그 밖의 업무
부칙상 개공 : 중개업 + 5개 + 경공매(×) + 그 밖의 업무

‣ 법인인 개업공인중개사가 겸업제한을 위반한 경우 등록관청은 개설등록을 취소할 수 있다( ) •임겸업

[5개] → 법인 개공(○) 공인중개사인 개공(○) 부칙 개공(○)

1. 상업용 건축물 및 주택의 임대관리 등 부동산의 관리대행
2. 부동산의 이용·개발 및 거래에 관한 상담
3. 도배 · 이사업체의 소개 등 용역의 알선
4. 상업용 건축물 및 주택의 분양대행
5. 모든 개업공인중개사를 대상으로 한 중개업의 경영기법 및 경영정보의 제공

[그 밖의 업무]

→ 법인 개공(×) 공인중개사인 개공(○) 부칙 개공(○)

1. 임대업
2. 부동산 개발업, 부동산의 개발대행
3. 도배업체 운영, 이사업체 운영, 용역의 제공
4. 택지(토지)의 분양대행, 주택용지 분양대행
5. 등록하지 않은 공인중개사를 대상으로 중개업의 경영기법 제공

‣ 모든 개공은 주택의 분양대행을 겸업할 수 있다. ( )
‣ 모든 개공은 다른 개업공인중개사를 대상으로 중개업의 경영기법의 제공을 겸업할 수 있다. ( )
‣ 모든 개공은 이사업체를 운영할 수 있다. ( )
‣ 모든 개공은 토지의 분양대행을 겸업할 수 있다. ( )

[경매 및 공매 업무] → 부칙상 개공×

① 법인이 아닌 모든 개업공인중개사는 경매 대상 부동산의 매수신청대리를 할 수 있다. ( )

② 경매 부동산의 매수신청 대리를 하고자 하는 때에는 대법원규칙이 정하는 요건을 갖추어 법원에 등록해야 한다. ‣국토교통부령(X) ‣등록관청(X)

‣ 법원에 등록하지 않더라도 경매(공매) 부동산의 권리분석 및 취득의 알선, 공매 매수신청대리를 할 수 있다. ( )
‣ 모든 개업공인중개사는 경매 매수신청대리를 할 수 있다. ( )

(1) 고용신고, 고용관계 종료신고

■ 고용한 때에는 실무(직무)교육을 받도록 한 후 업무를 개시하기 전에 신고해야 한다.
■ 고용관계 종료일부터 10일 이내에 신고해야 한다.

‣ 고용일부터 10일 이내에 신고해야 한다. ( )
‣ 고용신고 : 전자문서( )
‣ 소속공인중개사 고용신고서 - 자격증 사본 첨부( )
‣ 고용신고를 받은 등록관청은 실무교육 또는 직무교육 수료 여부를 확인해야 한다.
‣ 외국인을 고용하는 경우에는 결격사유에 해당하지 아니함을 증명하는 서류를 첨부해야 한다.

[신설] 개공이 고용할 수 있는 **중개보조원**의 수는 개업공인중개사와 소속공인중개사를 합한 수의 5배를 초과하여서는 아니 된다. ‣ 절대적 등록취소 & 1-1

[신설] 중개보조원은 현장안내 등 중개업무를 보조하는 경우 중개의뢰인에게 본인이 중개보조원이라는 사실을 미리 **알려야** 한다.

‣ 등록관청 - 500만원 이하 과태료 - 중개보조원 및 개업공인중개사. 다만, 개업공인중개사가 그 위반행위를 방지하기 위하여 상당한 주의와 감독을 게을리하지 아니한 경우는 제외한다.

(2) 민사책임(고용인의 고의·과실로 재산상 손해가 발생한 경우)

소속공인중개사 또는 중개보조원의 **업무상** 행위는 그를 고용한 개업공인중개사의 행위로 **본다.**
‣ 모든 행위(×) ‣ 추정한다(×)

① 그를 고용한 개업공인중개사만 손해배상책임을 진다. ( ) ‣고용인은 민법상 손해배상책임을 진다.

② 개업공인중개사는 자신의 고의 또는 과실 여부에 관계없이 손해배상책임을 진다. ( ) ‣무과실 책임

③ 개공은 고용인에게 구상권을 행사할 수 있다.

‣ 행정상 책임 : 소속공인중개사가 금지행위를 위반하여 자격 정지처분을 받게 되는 경우 등록관청은 그를 고용한 개업공인중개사의 중개사무소 개설등록을 취소할 수 있다. ( )

‣ 행정상 책임 : 중개보조원이 업무정지사유를 위반한 경우 업무정지처분은 개업공인중개사만 받는다. ( )

(3) 법 제50조 양벌규정

① 소공/보조원이 징역 또는 벌금형에 처해지는 경우 개업공인중개사에 대하여도 해당 조에 규정된 **벌금형**을 과한다.

② 고용인의 위반행위를 방지하기 위하여 <u>상당한 주의와 감독</u>을 게을리하지 아니한 경우에는 벌금형을 받지 않는다.

 ‣ 상당한 주의와 감독을 게을리하지 아니한 경우 2분의 1 범위 안에서 벌금형을 감경할 수 있다. ( )

 ‣ <u>'이 법을 위반하여 300만원 이상의 벌금형을 선고받고 3년이 경과되지 않은 자'</u>에는 개업공인중개사가 양벌규정으로 처벌받는 경우는 포함되지 않는다. 결격사유×

※ 개공(甲)이 고용한 소공(乙)이 중개의뢰인과 직접거래한 경우

① 乙은 자격정지 사유에 해당한다. ( )

② 등록관청은 甲의 개설등록을 취소할 수 있다. ( )

③ 등록관청은 甲에게 업무정지처분을 할 수 있다. ( )

④ 乙은 3년 이하의 징역 또는 3천만원 이하의 벌금에 처해질 수 있다. ( )

⑤ 甲이 乙의 위반행위를 방지하기 위하여 상당한 주의와 감독을 게을리하지 아니한 경우에도 벌금형을 받는다. ( )

⑥ 양벌규정에 따라 甲이 300만원의 벌금형을 선고받은 경우는 등록의 결격사유에 해당한다. ( )

테마14 　인장등록

[인장등록의무자 및 시기]

개업공인중개사 및 소속공인중개사는 **업무개시 전**에 등록관청에 인장을 등록해야 한다.

 ‣ 개설등록 신청과 인장등록 신고를 <u>같이</u> 할 수 있다.

 ‣ 소공의 인장등록신고는 고용신고와 <u>같이</u> 할 수 있다.

 ‣ 인장등록신고서, 등록인장변경신고서 : 전자문서( ), 중개사무소등록증 첨부( )

[인장의 종류]

① 공인중개사인 개공, 부칙상 개공, 소속공인중개사는 실명인장으로서 가로·세로 각각 <u>7mm 이상 30mm 이내</u>인 인장이어야 한다.

② 법인인 개업공인중개사는 상업등기규칙에 따라 신고한 **법인의 인장**이어야 한다.

 ‣ 대표자의 인장이어야 한다. ( )

③ 분사무소의 경우 상업등기규칙에 따라 **법인의 대표자가 보증하는 인장을 등록**할 수 있다.

 ‣ 법인의 대표자가 보증하는 인장을 등록해야 한다. ( )

[인장등록 방법, 변경, 위반시 제재]

① <u>법인인 개업공인중개사의 인장등록</u>은 상업등기규칙에 따른 **인감증명서의 제출**로 <u>갈음한다</u>.

② 인장을 변경한 경우에는 변경일부터 7일 이내에 변경된 인장을 등록관청에 등록해야 한다.

③ 인장등록×, 변경등록×, 등록하지 않은 인장을 사용한 경우 : 개공(6개월의 범위에서 업무정지), 소공(6개월의 범위에서 자격정지)

테마15 　휴업 및 폐업

① <u>3개월을 초과하는 휴업</u>을 하고자 할 때, <u>폐업</u>을 하고자 할 때, <u>휴업기간을 변경</u>하고자 할 때, <u>휴업한 중개업을 재개</u>하고자 할 때에는 등록관청에 **미리** 신고해야 한다.

 ‣ 휴업신고를 하지 않고 **3개월 이하** 휴업을 할 수 있다.

 ‣ 폐업을 한 때에는 10일 이내에 이를 신고해야 한다( )

 ‣ 휴업 및 폐업의 일괄처리(2020 신설) : 부동산중개업 휴업·폐업신고서와 부가가치세법의 휴업·폐업신고서를 등록관청 또는 세무서장에게 함께 제출할 수 있다.

② 휴업(폐업)신고를 하려는 자는 <u>국토교통부령</u>으로 정하는 신고서에 중개사무소등록증을 첨부해야 한다.

 ‣ 휴업기간의 변경신고서에 등록증을 첨부해야 한다( )

③ 법령상 부득이한 사유가 없는 한 휴업기간은 6개월을 초과할 수 없다.

 질병 요양, 징집 입영, 취학, **임신 출산** 그 밖에 이에 준하는 부득이한 사유로서 **국토교통부장관이 정하여 고시하는 사유**가 있는 경우에는 6개월을 초과하여 휴업신고를 할 수 있다.

 ‣ 부득이한 사유가 없는 한 3개월을 초과할 수 없다. ( )

▸ 부득이한 사유 없이 6개월 초과 휴업 : 임의적 등록취소

▸ 3개월 초과 휴업신고× 폐업신고× 휴업기간 변경신고× 중개업의 재개신고× : 100만원 이하 과태료

④ 개설등록 후 3개월을 초과하여 업무를 개시하지 않고자 하는 경우에도 이를 신고해야 한다.

▸ 중개사무소 개설등록 후 업무를 개시하지 아니하는 기간도 부득이한 사유가 없는 한 6개월을 초과할 수 없다.

⑤ 재개신고를 받은 등록관청은 등록증을 즉시 반환해야 한다.

⑥ 분사무소별로 휴업신고, 폐업신고, 휴업기간 변경 신고 및 재개신고를 할 수 있다.

▸ 주된 사무소 관할 등록관청에 신고

▸ 분사무소 휴업 및 폐업신고서 : 분사무소설치신고확인서 첨부

※ 전자문서
1. 휴업신고( ) 폐업신고( )
   휴업기간 변경신고( ) 중개업의 재개신고( )
2. 고용신고(○)
3. 인장등록(○) 인장 변경등록(○)

1. 비밀누설금지의무
   ▸ 중개보조원도 의무를 진다.
   ▸ 공인중개사법 및 다른 법률에 특별한 규정이 있는 경우에는 업무상 알게 된 비밀을 누설할 수 있다.
   ▸ 중개대상물의 중대한 하자는 취득의뢰인과의 관계에서는 비밀에 해당하지 않는다.
   ▸ 폐업(고용관계 종료) 후에 의무를 위반한 경우에도 처벌된다. 1년 이하의 징역 또는 1천만원 이하의 벌금
   ▸ 피해자의 명시한 의사에 반하여 벌하지 아니한다.

2. 선량한 관리자의 주의의무
   ▸ 개업공인중개사와 중개의뢰인의 법률관계는 민법상 위임관계와 유사하다.
   ▸ 개업공인중개사나 중개보조원이 중개대상물의 범위 외의 물건이나 권리 또는 지위를 중개하는 경우에도 선량한 관리자의 주의로 권리관계를 조사·확인하여 의뢰인에게 설명할 의무가 있다(2012다74342).

(1) 일반중개계약

① 중개의뢰인은 개공에게 <u>위가수준</u>을 기재한 일반중개계약서의 작성을 요청할 수 있다.

  ㉠ 중개대상물의 <u>위치 및 규모</u>
  ㉡ <u>거래예정가격</u>
  ㉢ 거래예정가격에 대하여 정한 <u>중개보수</u>
  ㉣ 개공과 중개의뢰인이 <u>준수</u>해야 할 사항

② 중개의뢰인의 요청이 있는 경우 개업공인중개사는 일반중개계약서를 작성·교부해야 한다. ( )

③ **국토교통부장관**은 일반중개계약의 표준이 되는 서식을 정하여 그 사용을 권장할 수 있다.

▸ 일반중개계약의 체결은 반드시 서면으로 해야 한다( )

▸ 일반중개계약서는 법령에 표준서식을 정하고 있다( )

▸ 일반중개계약서 작성하는 경우 표준서식을 사용해야 한다( )

▸ 일반중개계약서 작성한 경우 이를 3년간 보존해야 한다( )

(2) 전속중개계약

① 표준서식인 전속중개계약<u>서</u> 사용× 3년 보존×
   : 순수 업무정지

▸ 표준서식인 전속중개계약서에 의하지 아니하고 전속중개계약을 체결한 경우 등록관청은 개설등록을 취소할 수 있다. ( )

② 김치전 / 빠전 : 임의적 등록취소

▸ **전속중개계약**을 체결한 개공이 중개대상물의 정보를 공개하지 아니한 경우 : 등록을 취소할 수 있다.

▸ **전속중개계약**을 체결한 개공이 의뢰인의 비공개요청에도 불구하고 정보를 공개한 경우 : 등록을 취소할 수 있다.

③ 중개의뢰인의 비공개 요청이 없는 한 전속중개계약 체결 후 <u>7일 이내</u>에 부동산거래정보망 또는 일간신문에 중개대상물의 정보를 공개해야 한다.

④ 정보를 공개한 때에는 **지체 없이** 중개의뢰인에게 문서로 통지해야 한다.

⑤ 2주에 1회 이상 업무처리상황을 문서로 통지해야 한다.

⑥ 정보공개사항 : 8가지 + 공시지가

> 1. <u>특정</u>(종류, 소재지, 지목, 면적, 건축연도, 용도 등)
> 2. <u>권리</u>
> 3. 공법상 이용제한 및 거래규제
> 4. 수도·전기·가스·소방·열공급·승강기 설비,
>   오수·폐수·쓰레기 처리시설 등의 <u>상태</u>
> 5. 벽면 및 도배 상태
> 6. 환경조건(일조량 소음 진동)
> 7. 입지조건(도로 및 대중교통수단과의 연계성,
>   시장 학교 등과의 근접성)
> 8. 거래예정금액 + 공시지가

‣ 각 권리자의 주소, 성명 등 인적사항에 관한 정보는 공개×

‣ **임대차의 경우 공시지가를 공개해야 한다. (   )**

‣ **매매의 경우 공시지가를 공개해야 한다. (   )**

⑦ <u>유효기간 내에</u> 다른 개공에게 중개를 의뢰하여 거래한 경우 / 개공의 소개로 알게 된 상대방과 개공을 배제하고 거래당사자간에 직접 거래한 경우 : 중개보수에 해당하는 <u>위약금</u>을 지불해야 한다.

⑧ 유효기간 내에 스스로 발견한 상대방과 거래한 경우 : 중개보수의 <u>50%에 해당하는 금액의 범위에서</u> 개공이 중개행위에 소요한 비용을 지불해야 한다.

‣중개보수의 50%에 해당하는 금액을 지불해야 한다. (   )

테마17 일반중개계약서 전속중개계약서

1. 개업공인중개사의 의무

일반
거래가 조속히 이루어지도록 성실히 노력해야 한다.

전속
① 계약체결 후 **7일 이내**에 거래정보망 **또는** 일간신문에 정보를 공개해야 하며, 공개한 때에는 **지체 없이** 중개의뢰인에게 문서로 통지해야 한다.

② 2주에 1회 이상 업무처리상황을 문서로 통지해야 한다.

2. 중개의뢰인의 권리·의무

일반
① 다른 개업공인중개사에게도 중개를 의뢰할 수 있다.
② **개공이 확인·설명의무를 이행하는 데 협조해야 한다.**

전속
① <u>유효기간 내에</u> 다른 개공에게 중개를 의뢰하여 거래한 경우 / 개공의 소개로 알게 된 상대방과 개공을 배제하고 거래당사자간에 직접 거래한 경우 : <u>중개보수에 해당하는 위약금을 지불해야 한다.</u>
② 유효기간 내에 <u>스스로</u> 발견한 상대방과 거래한 경우 : <u>중개보수의 50%에 해당하는 금액의 범위에서</u> 개공의 소요비용을 지불해야 한다.
③ **개공이 확인·설명의무를 이행하는 데 협조해야 한다.**

[양 서식의 공통부분 3~7]

3. <u>유효기간</u>

3개월을 원칙으로 하되, 약정에 따라 달리 정할 수 있다.

4. <u>중개보수</u>

· 중개보수를 약정 기재하며, 실비는 별도로 지급한다.

‣ 일반(전속)중개계약서에 중개보수 요율표를 수록하거나 별지로 첨부해야 한다.

5. 개업공인중개사의 손해배상책임

· 중개보수 또는 실비의 과다수령 : 차액 환급
· 확인·설명을 소홀히 하여 재산상의 피해를 발생하게 한 경우 손해액을 배상해야 한다.

6. 이 계약에 정하지 아니한 사항에 대하여는 개공과 중개의뢰인이 합의하여 <u>별도로 정할 수 있다.</u>

7. 권리이전용(매도·임대) / 권리취득용(매수·임차)

‣ 이전용 : 대상물건의 **표시**, **권리**관계, 거래규제 및 **공법**상 제한사항, **소유자**, **중개의뢰금액**

‣ 취득용 : **희망**물건의 종류, 취득**희망**가격, **희망**지역

8. 개업공인중개사와 중개의뢰인은 일반(전속)중개계약서에 서명 또는 날인한다. (○) ‣서명 및 날인(×)

① 중개가 완성되기 전에 취득의뢰인(매수·임차)에게 성실·정확하게 설명하고 부동산종합증명서 등 설명의 근거자료를 제시해야 한다.

‣ 중개가 완성된 때 확인·설명 해야 한다. ( )
‣ 거래당사자 모두에게 확인·설명 해야 한다. ( )
‣ 확인·설명서의 '확인·설명 근거자료 등'에 확인·설명과정에서 제시한 자료를 기재해야 한다.
‣ 개업공인중개사는 중개의뢰인에게 주민등록증 등 신분증의 제시를 요구할 수 있다.

> ‣ 성실·정확하게 설명하지 않거나, 근거자료를 제시하지 않은 경우 : 개공(500만원 이하 과태료), 소공(자격정지)
> ‣ 확인·설명서 교부× 보존× 서명 및 날인× : 순수 업무정지

② 확인·설명사항 : 8가지 + 취중토바

> 특정 권리 공법 / 상태 상태 / 환경 입지 / 거래예정금액
>
> 1. 특정(종류, 소재지, 지목, 면적 등)
> 2. 권리
> 3. 공법상 이용제한 및 거래규제
> 4. 수도·전기·가스·소방·열공급·승강기·배수 상태
> 5. 벽면 · **바닥면** 및 도배 상태
> 6. 환경조건(일조량 소음 진동)
> 7. 입지조건(도로 대중교통, 시장 학교 근접성)
> 8. 거래예정금액
> **취득**조세 종류 및 세율
> **중개**보수 및 실비 금액과 산출내역
> **토지**이용계획
> **바닥면**

‣ 권리를 이전함에 따라 부담할 조세를 설명해야 한다( )

③ 매도·임대의뢰인에게 중개대상물 **상태**에 관한 자료를 요구할 수 있다. ‣ 요구해야 한다(×)

④ 자료요구에 불응한 경우 그 사실을 매수·임차 의뢰인에게 설명하고 확인·설명서에 기재해야 한다.

‣ 불응한 경우 개공이 직접 조사하여 설명해야 한다. ( )
‣ 근저당권의 경우 채권최고액을 설명하면 족하다. ( )
‣ 근저당권의 실제 피담보채무액을 설명할 의무는 없다. ( )

[중개가 완성된 때]

① 중개가 완성되어 거래계약서를 작성하는 때에는 확인·설명 사항을 서면으로 작성하여 거래당사자에게 교부하고 그 원본, 사본 또는 전자문서를 3년 동안 보존해야 한다.

‣ 공인전자문서센터에 보관된 경우 : 서면작성·교부·보존의무×
‣ 교부× 보존× 서명 및 날인× : 순수 업무정지

② 중개가 완성된 때에는 거래계약서를 작성하여 거래당사자에게 교부하고 그 원본, 사본 또는 전자문서를 5년 동안 보존해야 한다.

‣ 공인전자문서센터에 보관된 경우 : 서면작성·교부·보존의무×
‣ 교부× 보존× 서명 및 날인× : 순수 업무정지

③ 중개가 완성된 때 거래당사자에게 손해배상책임 보장에 관한 아래 사항을 설명해야 한다.

‣ 보장금액 ‣ 보장기간 ‣ 보증보험회사, 공제사업을 행하는 자, 공탁기관 및 그 소재지

중개가 완성된 때 거래당사자에게 보증관계증서 사본을 교부하거나 전자문서를 제공해야 한다.

‣ 설명× 교부(제공)× : 100만원 이하 과태료

구분	일반	전속	확인설명서	거래계약서
법정서식	○	○	○	×
개공 서명·날인	또는	또는	및	및
업무수행 소공 서명·날인	×	×	및	및
보존의무	×	3년	3년	5년

[서명 및 날인 / 서명 또는 날인]

① **일반(전속)중개계약서** : 개업공인중개사와 중개의뢰인이 서명 또는 날인한다.

② **확인·설명서 및 거래계약서** : 개업공인중개사(법인은 대표자, 분사무소는 책임자)와 업무를 수행한 소속공인중개사가 함께 **서명 및 날인** 해야 한다.

‣ 분사무소에서 작성된 확인·설명서에는 대표자가 서명 및 날인해야 한다. ( )

[주거용 건축물 Ⅰ기본 확인사항]

※ 개업공인중개사가 확인하여 적는다.

① 대상 물건의 표시

토지 : 소재지, 면적, 지목(공부상 지목, 실제이용 상태)

건축물 : 용도(건축물대장상 용도, 실제용도), 방향

건축물대장 : **내진설계 적용여부 및 내진능력**

건축물대장 : **위반건축물 여부 및 위반내용**

- 토지대장 및 건축물대장 등을 확인하여 적는다.

- 건축물의 방향은 주택의 경우 거실, 안방 등 주실의 방향,
  그 밖의 건축물은 주된 출입구의 방향을 기준으로 기재한다.

② 권리관계

· **등기부 기재사항** : 등기사항증명서를 확인하여 기재한다.

· **민간임대 등록여부** : 임대주택정보체계에 접속하여 확인
  하거나 임대인에게 확인하여 표시하고 /「민간임대주택에
  관한 특별법」에 따른 권리·의무사항을 **임차인**에게 설명
  해야 한다. ▸임대인(×)

· **계약갱신요구권 행사여부**

· **다가구주택 확인서류 제출여부**

③ 토지이용 계획, 공법상 이용제한 및 거래규제

· 건폐율 상한, 용적률 상한 : 시·군 조례

· 도시·군계획시설, 지구단위계획구역, 도시·군관리계획
  : 개업공인중개사가 확인하여 기재한다.

· 공부에서 확인할 수 없는 사항은 부동산종합공부시스템
  등을 확인하여 기재한다.

▸ **임대차의 경우** 건폐율 상한 및 용적률 상한은 시·군 조례를
  확인하여 기재해야 한다. (×)

④ 입지조건 - 도로, 대중교통, 주차장, 교육시설,
판매 및 의료시설(백화점, 할인매장, 종합의료시설)

⑤ 관리에 관한 사항 - 경비실, 관리주체

⑥ 비선호시설(1km 이내) - 종류 및 위치를 적는다.

⑦ 거래예정금액 등

· 거래예정금액 : 중개가 완성되기 **전**의 **거래예정금액**을 기재

· 개별공시지가, 주택공시가격 : 중개가 완성되기 **전** 공시
  된 가격을 기재하되, **임대차의 경우 생략할 수 있다.**

⑧ 취득조세 종류 및 세율

· 취득세, 농어촌특별세, 지방교육세

· 중개가 완성되기 전 지방세법의 내용을 확인하여 기재

· 재산세, 종부세 6.1 기준 소유자가 납세의무를 부담

· 임대차의 경우에도 기재해야 한다. (×)

[주거용 건축물 Ⅱ세부 확인사항]

⑨ 실제권리관계 또는 공시되지 아니한 물건의 권리

· 매도(임대)의뢰인이 고지한 사항을 기재한다.

· 법정지상권, 유치권, 주임법에 따른 임대차, 토지에 부착
  된 조각물 및 정원수, **계약 전 소유권 변동여부, 도로의
  점용허가 여부 및 권리·의무 승계 대상여부**

· 근저당 등이 설정된 경우 채권최고액을 기재한다.

⑩ 내·외부시설물의 상태 : 매도(임대)에게 자료 요구

수도, 전기, 가스, 소방(**단독경보형 감지기, 아파트 제외**)
난방방식·연료공급, 승강기, 배수

⑪ 벽면·바닥면 및 도배의 상태 : 자료 요구 기재

⑫ 환경조건 - 일조량, 소음, 진동 : 자료 요구하여 기재

[주거용 건축물 Ⅲ 중개보수 등에 관한 사항]

⑬ 중개보수 및 실비의 금액과 산출내역

· 중개보수는 거래예정금액을 기준으로 계산하여 기재

· **중개보수 지급시기**를 기재해야 한다. 2020 신설

· 부가가치세는 **별도**로 받을 수 있다.

▸중개보수에 부가가치세는 포함된 것으로 본다. (×)

▸중개보수(VAT 별도)

[4가지 서식의 비교]

항목 \ 종류	주거용	비주거용	토지용	입목·광업(공장)재단
① 대상물건의 표시	○	○	○	○ 소재지(등기·등록지)
② 권리(등기부)	○	○	○	○
② 권리관계		민간임대등록여부 계약갱신요구권 행사여부	×	×
		다가구 주택 확인서류 제출여부	×	×	×
③ 토지이용계획 · 공법상 이용제한 및 거래규제	○	○	○	×
④ 입지조건	도대차교판	도대차	도대	×
⑤ 관리에 관한 사항	○	○	×	×
⑥ 비선호시설	○	×	○	×
⑦ 거래예정금액	○	○	○	○
⑧ 취득조세의 종류 및 세율	○	○	○	○
⑨ 실제권리관계 또는 공시되지 않은 물건[세부]	○	○	○	○
⑩ 내·외부시설물의 상태[세부]	○	○	×	×
⑪ 벽면 · 바닥면 및 도배상태[세부]	○	벽면○ 바닥면○ 도배×	×	×
⑫ 환경조건[세부]	일소진	×	×	×
⑬ 중개보수 및 실비 & 산출내역	○	○	○	○
재단목록 및 입목의 생육상태	×	×	×	○ 기본확인사항

※ 공통기재사항 : ①② ⑦⑧⑨ ⑬

▸ **소방 : 주거용(단독경보형 감지기), 비주거용(소화전, 비상벨)**

[비주거용 건축물] - 업무용, 상업용, 공업용

▸ 권리관계 : <u>민간임대 등록여부, 계약갱신 요구권 행사여부</u>

▸ 입지조건 : 도○ 대○ 차○ 교육시설× 판매 및 의료시설×

▸ <u>비선호시설×</u>

▸ 벽면○ <u>바닥면○</u> 도배×

▸ 환경조건×

[토지용 확인·설명서]

▸ 입지조건 : 도○ 대○ 주차장× 교육시설× 판매 및 의료시설×

▸ 관리에 관한 사항×

▸ 비선호시설○

▸ 내 · 외부 시설물의 상태×

▸ 벽면× 바닥면× 도배×

▸ 환경조건×

[입목 · 광업재단 · 공장재단용]

▸ 대상물건의 표시 - 소재지(등기·등록지)는 등기사항증명서 등을 확인하여 기재한다.

▸ **재단목록 또는 입목의 생육 상태(<u>기본확인사항</u>)** : 공장(광업) 재단목록과 공장(광업)재단 등기사항증명서를, 입목은 입목등록 원부와 입목등기사항증명서를 확인하여 기재한다.

▸ 공법× 입지× 관리× 비선호시설× 상태× 상태× 환경×

테마21 거래계약서

① 국토교통부장관은 거래계약서의 표준서식을 정하여 이의 사용을 권장할 수 있다.

‣ 개업공인중개사는 국토교통부장관이 정한 표준서식에 따라 거래계약서를 작성해야 한다. ( )

‣ 공인중개사법령은 거래계약서의 표준서식을 정하고 있지 않다. ( )

② 거래계약서 필수 기재사항

1. 거래당사자의 **인적사항**
2. 물건의 **표시**
3. **계약일**
4. 물건의 **인도일시**
5. <u>권리이전의 내용</u>
6. **거래금액**, 계약금액 및 지급일자 등 지급에 관한 사항
7. 거래당사자간의 약정내용
8. 확인·설명서 교부일자
9. **조건**이 있는 경우 조건, **기한**이 있는 경우 기한

※ **권리관계**× **거래예정금액**× **공법상의 거래규제**×
※ **중개보수 및 실비의 금액**× **취득조세**×

③ 거래금액 등 거래내용을 거짓으로 기재한 경우, 서로 다른 둘 이상의 거래계약서를 작성한 경우

‣ 개공 : 등록을 취소할 수 있다(임의적 등록취소).
‣ 소공 : 자격정지(기준 6개월)
‣ 1년 이하 징역 또는 1천만 이하 벌금(×)

◆ 전속중개계약서 사용× 보존×
  → 개공(업무정지○) 소공(자격정지×)
◆ 확인·설명서 및 거래계약서 **교부**× **보존**×
  → 개공(업무정지○) 소공(자격정지×)
◆ 확인·설명서 및 거래계약서 **서명 및 날인**×
  → 개공(업무정지○) 소공(자격정지○)

[판례] 개업공인중개사는 **중개가 완성된 때에만** 거래계약서 등을 작성·교부해야 하고 중개를 하지 아니하였음에도 함부로 거래계약서 등을 작성·교부하여서는 아니된다.

[판례] 개업공인중개사가 서명 및 날인을 해야 하는 확인·설명서란 개업공인중개사가 '거래당사자에게 교부하는' 확인·설명서를 의미하고, 보존하는 중개대상물 확인·설명서는 포함되지 않는다(대법원 2023. 2. 23.).

테마22 계약금 등의 반환채무이행 보장

① 거래안전을 보장하기 위하여 <u>계약의 이행이 완료될 때까지</u> 계약금 중도금 또는 잔금을 예치하도록 거래당사자에게 <u>권고할 수 있다.</u> ‣ 권고해야 한다(×)

‣ 매수인이 요구하는 경우 개공은 계약금 등을 예치해야 한다( )

[예치명의자]	[예치기관]
‣ **개업공인중개사** 소공(×) ‣ **공제사업자**(협회) ‣ 은행법에 따른 **은행** ‣ 보험업법에 따른 **보험회사** ‣ 자본시장과 금융투자업에 관한 법률에 따른 **신탁업자** ‣ 우체국 예금보험에 관한 법률에 따른 **체신관서** ‣ 계약금·중도금 또는 잔금 및 계약 관련서류를 관리하는 업무를 수행하는 **전문회사**	‣ **공제사업자**(협회) ‣ **금융기관** ‣ **신탁업자** 등

② 매도인·임대인은 계약을 해제한 때 계약금등의 반환을 보장하는 내용의 보증서를 **예치명의자**에 교부하고 계약금 등을 미리 수령할 수 있다.

‣ 매수인에게 교부하고(×)

③ **개업공인중개사의 명의**로 예치하는 경우의 의무

1. 계약이행의 완료 또는 계약해제 사유로 인한 계약금 등의 인출에 대한 거래당사자의 동의방법을 약정해야 한다.
2. <u>반환채무이행 보장에 소요되는 실비에 대하여 약정해야 한다.</u> ‣ 매수 · 임차 의뢰인이 부담
3. <u>예치대상이 되는 계약금등에 해당하는 금액을 보장하는</u> 보증보험 또는 공제에 가입하거나 공탁을 해야 한다.
4. 자기 소유의 예치금과 분리해서 관리해야 하며, 거래당사자 동의 없이 인출해서는 안 된다.

테마23 손해배상책임과 보증제도

[손해배상책임 및 보증 : 법령]

① 법 제30조 제1항. 개업공인중개사가 <u>중개행위</u>를 하는 경우 고의 또는 과실로 인하여 거래당사자에게 <u>재산상의 손해</u>를 발생하게 한 때에는 그 손해를 배상할 책임이 있다.

② 법 제30조 제2항. 개업공인중개사는 중개사무소를 다른 사람의 <u>중개행위</u>의 장소로 제공함으로써 거래당사자에게 <u>재산상 손해</u>를 발생하게 한 때에는 그 손해를 배상할 책임이 있다.

③ 법 제30조 제3항. 개업공인중개사는 <u>업무를 개시하기 전에</u> 제1항 및 제2항에 따른 손해배상책임을 보장하기 위하여 보증보험 또는 공제에 가입하거나 공탁을 해야 한다.

[손해배상책임]

① 개업공인중개사 등이 아닌 <u>제3자</u>의 중개행위로 인하여 발생한 손해에 대하여는 <u>공인중개사법령에 따른 손해배상책임이 발생하지 않는다.</u>

② <u>개업공인중개사가 중개행위</u>를 함에 있어서 거래당사자에게 재산상 손해가 발생한 경우, 개업공인중개사는 자신의 고의 또는 과실에 관계 없이 손해배상책임을 진다. ( )

③ 중개행위가 아니거나 비재산적 손해에 대하여는 <u>공인중개사법령에 따른 손해배상책임이 발생하지 않는다.</u>

[중개행위]

▶ 판단기준 : 진정으로 거래당사자를 위해 거래를 알선·중개하려는 의사를 갖고 있었는지 여부로 결정한다. ( )

① 일방당사자의 의뢰에 의하여 매매 등을 알선한 행위 : 중개행위( )

② 매매계약체결 후 계약금 및 중도금 지급에도 관여한 개업공인중개사가 잔금 중 일부를 횡령한 행위 : 중개행위( )

③ 거래당사자의 **계약상 의무** 실현에 관여함으로써 **계약상 의무**가 원만하게 이행되도록 주선할 것이 예정되어 있는 경우 : 중개행위( )

④ 자격증을 대여받은 자가 **임대차를 의뢰한 자와 직접 거래당사자로서 임대차계약을 체결**하고 공인중개사 명의로 작성된 확인·설명서를 교부한 행위 : 중개행위( )

[보증의 설정]

① <u>업무를 개시하기 전에</u> 보증보험 또는 공제에 가입하거나 공탁을 해야 한다.

> ▶ 중개사무소 개설등록을 한 때에는 업무를 시작하기 전에 보증을 설정하여 등록관청에 신고해야 한다. ( )
> ▶ 중개사무소 개설등록 이전에 보증을 설정하여( )
> ▶ 중개사무소 개설등록을 신청할 때 보증을 설정하여( )

> ▶ 보증보험 : 타인을 위한 손해보험계약
> ▶ 공제 : <u>보증보험적 성격을 갖는다(판례).</u>
> ▶ 공탁금은 폐업 또는 사망한 날부터 3년 이내 회수×

② 보증의 변경 : 이미 설정한 보증의 효력이 있는 기간 중에 다른 보증을 설정하고 신고해야 한다.

> ▶ 이미 설정한 보증의 효력이 만료된 후( )

③ 보증기간이 만료되는 경우 : 보증기간 <u>만료일까지</u> 다시 보증을 설정하고 등록관청에 신고해야 한다.

> ▶ 만료일부터 15일 이내에 다시 보증을 설정하여( )

④ 보증기관이 보증사실을 등록관청에 직접 통보한 경우에는 보증설정신고를 생략할 수 있다.

⑤ <u>다른 법률의 규정에 따라 중개업을 할 수 있는 경우</u>에는 중개업무를 개시하기 전에 2천만원 이상의 보증을 보증기관에 설정하고 그 증명서류를 갖추어 <u>등록관청에 신고</u>해야 한다.

[보증설정금액]

① 법인 4억 이상, 분사무소마다 2억 이상 추가 법인이 아닌 개업공인중개사 2억 이상

② 3개의 분사무소를 둔 법인인 개업공인중개사인 경우 총 ___억 이상의 보증을 설정해야 한다.

③ 중개업과 경매 매수신청대리를 하는 경우 설정해야 할 보증설정금액은 동일하다.

[손해배상책임의 범위]

① 개업공인중개사의 손해배상책임은 자신이 가입한 보증보험의 보장금액을 한도로 한다. ( )

② 보증보험금 또는 공제금으로 손해배상을 한 때에는 ___일 이내에 보증보험 또는 공제에 다시 가입하거나 공탁을 해야 한다.

③ <u>공탁금</u>으로 손해배상을 한 때에는 15일 이내에 보증보험 또는 공제에 가입하거나 공탁금 중 <u>부족하게 된 금액을 보전</u>해야 한다.

테마24 개업공인중개사 등의 금지행위

‣ 제33조 제1항 금지행위 : 판매명수(1-1) 관직쌍투꾸단(3-3)
‣ 개공, 소공, 보조원, 법인의 사원 또는 임원 모두에게 금지
‣ 개공(임의적 등록취소), 소공(자격정지 기준6개월)

① 거래상 중요사항에 관하여 거짓된 언행 등으로 중개의뢰인의 **판단**을 그르치게 하는 행위

‣ 거래상의 중요사항에는 가격에 관한 사항도 포함된다(판례).

② 중개대상물의 **매**매를 업으로 하는 행위

‣ 토지, 주택, 상가, 입목, 광업(공장)재단 매매업 : 금지○
‣ 법인이 아닌 개업공인중개사가 임대업을 하는 행위 : 금지( )

③ 중개사무소 개설등록을 하지 않고 중개업을 하는 자임을 알면서 그를 통하여 중개를 의뢰받은 행위 / 중개사무소 개설등록을 하지 않고 중개업을 하는 자임을 알면서 그에게 자기의 **명**의를 이용하게 하는 행위

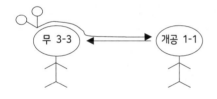

무 3-3 ⟷ 개공 1-1

④ 중개보수 또는 실비 초과하여 금품을 받는 행위

‣ 한도를 초과하는 중개보수 약정은 그 한도를 **초과하는 범위** 내에서 무효이다. ※ 전부 무효( )
‣ 한도를 초과하는 유효한 당좌수표를 받은 후 수표가 부도처리되어 이를 반환하더라도 금지행위에 해당한다.
‣ 부동산 거래를 중개한 후 사례비, 수고비 명목으로 금원을 받아도 중개보수를 초과하였다면 금지행위이다.
‣ 중개보수 외에 별도로 실비를 받을 수 있다.

1. 권리금 수수를 중개하고 중개보수를 초과하여 받는 행위 : 금지행위( )

2. 상가 분양을 대행하고 중개보수를 초과하여 받는 행위 : 금지행위( )

3. 일부 중도금이 납부된 아파트 분양권 매매를 중개하고 총 분양대금에 프리미엄을 합산한 금액을 거래금액으로 하여 중개보수를 받은 행위 : 금지행위 ( )

[판례] 중개보수 초과행위가 금지행위에 해당하기 위해 중개의뢰인에게 현실적으로 그 한도 초과액 상당의 재산상 손해가 발생함을 요건으로 하는 것은 아니다. ( )

[판례] 토지를 분할하고 택지로 조성하여 그중 일부를 매도하면서 어느 정도의 위험부담과 함께 이득을 취하는 행위 : 중개행위( ) ‣중개보수 초과 : 금지행위(X)

[판례] 지방자치단체 조례를 잘못 해석하여 중개보수를 초과하여 받은 경우는 처벌대상이 되지 않는다. ( )

⑤ 관계법령에서 양도·알선 등이 금지된 **부동산의 분양·임대와 관련있는 증서를 중개한 행위**, **매매를 업**으로 하는 행위

‣ 아파트의 특정 동, 호수에 대한 피분양자로 선정되거나 분양계약이 체결된 후에 특정 아파트에 대한 매매를 중개하는 행위는 부동산의 분양과 관련 있는 증서 등의 매매를 중개한 것으로 보아서는 안 된다.

⑥ 중개의뢰인과 **직접거래**, 거래당사자 **쌍방대리**

‣ 직접거래를 적용하기 위해서는 먼저 개업공인중개사가 중개의뢰인으로부터 중개의뢰를 받았다는 점이 전제되어야 한다(판례).
‣ 개공이 중개의뢰인으로부터 중개의뢰를 받고 중개의뢰인과 직접 매매, 교환, 임대차 계약을 하는 행위는 금지행위이다.
‣ 중요판례 : 중개의뢰인과 직접 거래를 하는 행위를 금지하는 규정은 단속규정이다. ※ 효력규정(×)

‣ 중개보조원이 매도의뢰인으로부터 매도의뢰받은 토지를 매수한 행위 : 직접거래( )

‣ 소속공인중개사가 임대의뢰인으로부터 임대의뢰 받은 주택을 임차한 행위 : 직접거래( )

‣ 개업공인중개사가 매도의뢰인으로부터 대리권을 받은 대리인으로부터 부동산을 매수한 행위 : 직접거래( )

‣ 개업공인중개사가 임대의뢰인으로부터 임대의뢰 받은 주택을 배우자 명의로 임차하는 행위를 중개한 행위 : 직접거래( )

‣ 개업공인중개사 甲이 매도중개 의뢰를 받은 다른 개업공인중개사 乙의 중개로 부동산을 매수한 행위 : 직접거래( )

‣ 매도의뢰인과 매수의뢰인 모두로부터 위임을 받아 매매계약을 체결한 행위 : 금지행위( ) → 쌍방대리

‣ 매도의뢰인을 대리하여 매수의뢰인과 매매계약을 체결하는 행위 : 금지행위( ) → 일방대리

⑦ 탈세 등을 목적으로 소유권보존등기 또는 이전 등기를 하지 않은 부동산의 매매(=미등기전매)를 중개하는 투기조장행위

⑧ 관계 법령에 따라 전매 등 권리변동이 제한된 부동산의 매매를 중개하는 등 투기조장행위

▸ 미등기 전매를 중개한 개업공인중개사 : 투기조장행위(3-3)

▸ 개업공인중개사에게 미등기 전매의 중개를 의뢰한 거래당사자
  : 중개사법 위반으로 처벌(X)

▸ 전매차익이 없는 미등기 전매를 알선한 행위 : 금지행위○

⑨ 부당한 이익을 얻거나 얻게 할 목적으로 거짓으로 거래가 완료된 것처럼 꾸미는 등 시세에 부당한 영향을 주거나 줄 우려가 있는 행위

⑩ 단체를 구성하여 특정 중개대상물에 대하여 중개를 제한하거나 단체 구성원 이외의 자와 공동중개를 제한하는 행위

[제33조 제2항 금지행위 - 업무방해행위]

▸ 누구든지 시세에 부당한 영향을 줄 목적으로 개업공인중개사등의 업무를 방해해서는 아니 된다.

▸ 개업공인중개사 등에게도 금지되는 행위이다.

▸ 행정처분(×)

▸ 행정형벌 : 3년 이하의 징역 또는 3천만원 이하의 벌금

1. 안내문, 온라인 커뮤니티 이용하여 특정 개공에 대한 중개의뢰를 제한하거나 제한을 유도하는 행위

2. 안내문, 온라인 커뮤니티 이용하여 시세보다 현저하게 높게 표시·광고 또는 중개하는 특정 개공에게만 중개의뢰를 하도록 유도함으로써 다른 개업공인중개사등을 부당하게 차별하는 행위

3. 안내문, 온라인 커뮤니티 이용하여 특정 가격 이하로 중개를 의뢰하지 아니하도록 유도하는 행위

4. 개공의 정당한 표시·광고 행위를 방해하는 행위

5. 개공에게 시세보다 현저하게 높게 표시·광고하도록 강요하거나 / 대가를 약속하고 현저하게 높게 표시·광고하도록 유도하는 행위

▸ 교란행위(꾸단 + 5개)를 신고 또는 고발한 경우 포상금을 지급받을 수 있다.

[부동산거래질서 교란행위 신고센터]

1. **국토교통부장관**은 부동산거래질서교란행위를 방지하기 위해 **신고센터를 설치·운영할 수 있다.**

2. 국토교통부장관은 **한국부동산원**에 위탁한다.

3. 한국부동산원은 운영규정을 정하여 국토교통부장관의 승인을 받아야 한다. 변경하려는 경우에도 승인(○)

[신고센터 업무처리절차]

1. 신고센터에 교란행위를 신고하려는 자는 다음의 사항을 서면(전자문서 포함)으로 제출해야 한다.

   ㉠ 신고인 및 피신고인의 인적사항
   ㉡ 교란행위의 발생일시·장소 및 그 내용
   ㉢ 증거자료, 참고인의 인적사항

2. 신고센터는 신고사항에 대해 시·도지사 및 등록관청에 조사 및 조치를 요구해야 한다.

3. 시·도지사, 등록관청은 조사 및 조치를 완료한 날부터 10일 이내에 그 결과를 **신고센터에 통보**해야 한다.

4. 신고센터는 시·도지사, 등록관청으로부터 처리 결과를 통보받은 경우 신고인에게 처리결과를 통보해야 한다.

5. 신고센터는 매월 10일까지 직전 달의 신고사항 접수 및 처리 결과 등을 국토교통부장관에게 제출해야 한다.

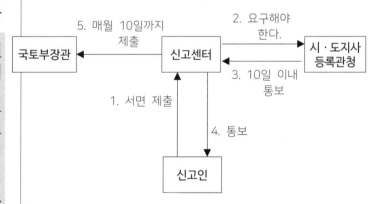

[신고센터 업무처리 종결]

▸ **국토교통부장관의 승인**을 얻어 처리를 종결할 수 있다.

1. 신고내용이 명백히 거짓인 경우

2. 신고자가 보완요청을 받고도 보완하지 않은 경우

3. 처리결과를 통보받은 사항을 정당한 사유 없이 다시 신고한 경우로서 새로운 사실, 증거자료가 없는 경우

4. 이미 수사기관에서 수사 중, 재판이 계속 중 또는 판결에 의해 확정된 경우

◆ 중개대상물의 표시·광고 관련 총정리

[중개대상물 표시 · 광고] - 등록관청 : 100만원 이하 과태료

① 개업공인중개사가 표시 · 광고에 <u>중개사무소 및 개업공인중개사에 관한 사항을</u> 명시하지 아니한 경우 : 100만원 이하 과태료

② 개업공인중개사가 표시 · 광고에 <u>중개보조원을 함께 명시한 경우</u> : 100만원 이하 과태료

③ 인터넷을 이용하여 표시 · 광고를 하는 때에 중개사무소, 개업공인중개사에 관한 사항 및 중개대상물에 <u>관한 사항을</u> 명시하지 아니한 경우 : 100만원 이하 과태료

[부당한 표시 · 광고] - 등록관청 : 500만원 이하 과태료

① <u>중개대상물이 존재하지 않아서</u> 실제로 거래할 수 없는 중개대상물에 대한 표시·광고

② <u>중개대상물이 존재하지만</u> 실제로 중개의 대상이 될 수 없는 중개대상물에 대한 표시·광고

③ <u>중개대상물이 존재하지만</u> 실제로 중개할 의사가 없는 중개대상물에 대한 표시·광고

④ 입지조건, 생활여긴, 가격 및 거래조건 등 선택에 중요한 영향을 미칠 수 있는 사실을 **빠뜨리거나** <u>은폐·축소하는 등의 방법으로 소비자를 속이는</u> 표시·광고

⑤ <u>가격 등을 사실과 **다르게 거짓으로** 표시·광고하거나</u> 사실을 **과장**되게 하는 표시·광고

[개업공인중개사가 아닌 자의 표시 · 광고] - 1년 이하 징역 또는 1천 이하 벌금

<u>개업공인중개사가 아닌 자로서</u> 중개대상물에 대한 표시 · 광고를 한 자

> ★ 신고 또는 고발시
> 포상금 지급사유
> 무거양양양양 '아교'

[부동산거래질서 교란행위] - 3년 이하 징역 또는 3천 이하 벌금

① 거짓으로 거래가 완료된 것처럼 **꾸미는** 등 중개대상물의 시세에 부당한 영향을 주거나 줄 우려가 있는 행위

② **단체를 구성하여** 특정 중개대상물에 대하여 중개를 제한하거나 단체 구성원 이외의 자와 공동중개를 제한하는 행위

③ 안내문, 온라인 커뮤니티 이용하여 특정 개업공인중개사에 대한 중개의뢰를 제한하거나 제한을 유도하는 행위 / 시세보다 현저하게 높게 표시·광고 또는 중개하는 특정 개업공인중개사에게만 중개의뢰를 하도록 유도하는 행위 / 특정 가격 이하로 중개를 의뢰하지 아니하도록 유도하는 행위

④ 개업공인중개사의 <u>정당한 표시·광고 행위를</u> 방해하는 행위

⑤ 개업공인중개사에게 시세보다 <u>현저하게 높게 표시·광고하도록 강요하는</u> 행위

⑥ 개업공인중개사에게 대가를 약속하고 <u>현저하게 높게 표시·광고하도록 유도</u>하는 행위

테마26 중개보수 및 실비

[중개보수 지급시기]

① 개공과 의뢰인간의 <u>약정에 따르되</u>, 약정이 없을 때에는 <u>거래대금 지급이 완료된 날</u>로 한다.

‣ 지급시기는 약정이 없는 한 거래계약이 체결된 날로 한다( )

‣ 약정에 따라 거래계약이 체결된 날로 할 수 있다( )

② <u>개공의 고의·과실 없이</u> 거래계약이 무효·취소· 해제된 경우 중개보수를 받을 수 있다.

[주택의 중개보수]

■ 주택(부속토지 포함) : 국토교통부령으로 정하는 범위 내에서 **시·도 조례로** 정한다.

■ 국토교통부령 : 쌍방 **각각** 받되, **일방**으로부터 받을 수 있는 한도는 별표 1과 같으며, 그 금액은 <u>시·도의 조례로 정하는 요율한도</u> 이내에서 중개의뢰인과 개업공인중개사가 서로 <u>협의</u>하여 결정한다.

■ 국토교통부령 별표 1 : 주택의 중개보수 상한 요율
 (1) 매매, 교환 : 1천분의 7
 (2) 임대차 등 : 1천분의 6

[주택 외의 중개보수]

■ 국토교통부령으로 정한다. 시·도 조례(×)

■ 국토교통부령 : 쌍방 각각 받되, 일방으로부터
 (1) 오피스텔(85㎡ **이하**, 부엌, 화장실, 목욕시설)
 매매·교환 1천분의 5 이내, 임대차 1천분의 4 이내

 (2) 오피스텔(85㎡ **초과**)
 매매·교환·임대차 1천분의 9 이내 협의

 (3) 상가, 토지, 입목, 광업재단, 공장재단
 매매·교환·임대차 1천분의 9 이내 협의

‣ 주택 외의 중개보수는 시·도 조례로 정한다( )

[2021년 최신판례]

‣ 개공은 중개대상물에 대한 계약이 완료되지 않을 경우에도 중개행위에 상응하는 보수를 지급하기로 약정할 수 있다.

‣ 중개보수 초과금지 규정은 <u>공매 대상 부동산 취득의 알선</u>에 대해서도 적용된다.

[중개보수의 산정]

① 교환 : 거래금액이 큰 중개대상물의 가액 기준

② 임대차 : 거래금액 = 보증금 + (월차임 × 100) 산출한 거래금액이 **5천만원 미만**인 경우 거래금액 = 보증금 + (월차임 × 70)

③ 동일한 중개대상물에 대하여 **동일** 당사자간에 매매와 임대차가 동일 기회에 이루어지는 경우에는 **매매계약**에 관한 거래금액만을 적용한다.

④ 주택 면적이 2분의 1 **이상**이면 주택으로 주택의 면적이 2분의 1 미만인 경우 주택 외로 한다.

‣ 주택의 면적이 2분의 1인 경우 : 주택

⑤ 중개대상물과 중개사무소의 시·도가 다른 경우에는 <u>중개사무소 관할 시·도 조례</u>로 정한 기준에 따라 중개보수 및 실비를 받아야 한다.

‣ 언제나 사무소에 걸려있는 메뉴판대로

⑥ 일부 중도금 납부된 아파트 분양권의 <u>거래금액</u>

‣ 총 분양대금에 프리미엄을 합산한 금액( )

‣ 계약금, 기 납부한 중도금에 프리미엄을 합산한 금액( )

※ 주택의 시·도 조례

매매 교환	5천 이상 ~ 2억 미만	0.5%	80만
	2억 이상 ~ 9억 미만	0.4%	없음
임대차 등	5천 미만	0.5%	20만
	5천 이상 ~ 1억 미만	0.4%	30만

1. 주택 매매, 1억 9천만원, 일방? :

2. 교환(주택 2억 1천 ↔ 주택 1억 9천), 총액? :

3. 임대차 보증금 2천만원, 월차임 20만원, 일방?

‣ 거래금액 :

‣ 주택 :

‣ 오피스텔(85㎡) :

‣ 오피스텔(90㎡) :

- 28 -

※ 주택의 시·도 조례

매매	5천 이상 ~ 2억 미만	0.5%	80만
교환	2억 이상 ~ 9억 미만	0.4%	없음
임대차	5천 미만	0.5%	20만
등	5천 이상 ~ 1억 미만	0.4%	30만

4. 임대차 보증금 3천만원, 월차임 50만원, 일방?

　▸ 거래금액 :

　▸ 주택 :

　▸ 오피스텔(70㎡) :

　▸ 오피스텔(86㎡) :

5. 주택의 면적이 1/2인 건축물에 대해 동일 당사자간에 매매와 임대차를 동일한 기회에 중개한 경우 일방으로부터 받을 수 있는 **중개보수 최내금액?** (매매가격 1억, 임대차 보증금 2천만원, 월차임 20만원)

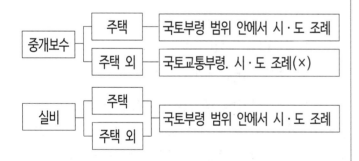

[실 비]

① 실비의 한도 등에 관하여는 국토교통부령으로 정하는 범위 안에서 시·도 조례로 정한다.

② 권리관계 등의 확인에 소요된 실비는 **영수증 등을 첨부** : 매도·임대 이전의뢰인에게 청구

③ 계약금 등의 반환채무이행의 보장에 소요된 실비 : 매수·임차 취득의뢰인에게 청구

[문제] A시에 중개사무소를 둔 개업공인중개사 甲은 B시에 소재하는 乙소유의 건축물(그중 주택의 면적은 3분의 1임)에 대하여 乙과 丙 사이의 매매계약과 동시에 乙을 임차인으로 하는 임대차계약을 중개하였다.

① 甲은 乙과 丙으로부터 각각 중개보수를 받을 수 있다. ( )

② 甲은 B시가 속한 시·도의 조례에서 정한 기준에 따라 중개보수를 받아야 한다. ( ) ▸ 국토교통부령으로 정한다.

③ 甲은 A시가 속한 시·도의 조례에서 정한 기준에 따라 실비를 받아야 한다. ( )

④ 중개보수를 정하기 위한 거래금액의 계산은 매매계약에 관한 거래금액만을 적용한다. ( )

⑤ 주택의 중개에 대한 보수 규정을 적용한다. ( )

테마27　거래정보사업자

① 부동산거래정보망이란 <u>개업공인중개사 상호간</u>에 중개대상물의 정보를 교환하는 체계를 말한다.

② 지정권자 : 국토교통부장관

③ 지정요건 : 국토교통부령으로 정한다.

　1. 전기통신사업법에 따라 부가통신사업자로 신고한 자

　2. 가입·이용신청 한 개업공인중개사의 수가 ___명 이상이고 _개 이상의 **시·도**에서 각각 ___명 이상일 것

　3. 정보처리**기사** 1명 이상을 확보할 것

　4. 공인중개사 1명 이상을 확보할 것 ▸ 개업공인중개사(×)

　5. 국토교통부장관이 정하는 용량 및 성능을 갖춘 컴퓨터 설비를 확보할 것

④ 지정신청시 제출서류

　1. 부가통신사업신고서 제출했음을 확인할 수 있는 서류

　2. 500명 이상 개공으로부터 받은 정보망 가입·이용신청서 및 **중개사무소등록증 사본**

　3. 정보처리기사 자격증 사본

　4. 공인중개사**자격증 사본**

　5. 주된 컴퓨터 용량 성능을 알 수 있는 서류

▸ 법인인 개업공인중개사는 거래정보사업자로 지정받을 수 없다. ( )

▸ 공인중개사자격증 사본 첨부X : 등록신청서, 분사무소 설치신고, 소공의 고용신고서

[지정절차]

① 국토교통부장관은 지정신청을 받은 날부터 30일 이내에 거래정보사업자 지정대장에 기재하고 지정서를 교부해야 한다.

② 지정받은 날부터 <u>3개월</u> 이내에 운영규정을 정하여 **국토교통부장관의 승인**을 얻어야 한다. <u>운영규정을 변경하고자 하는 때에도 **승인**을 얻어야 한다.</u>

 ▸ 지정받으려는 자는 미리 운영규정을 정하여 국토부장관의 승인을 얻어야 한다. ( )

③ 정당한 사유 없이 지정받은 날부터 1년 이내에 정보망을 설치·운영하지 않은 경우 국토교통부장관은 <u>지정을 취소할 수 있다</u>. ▸ 취소해야 한다( )

 ▸ 운영규정에는 다음의 사항을 정해야 한다.

 1. 정보망에 등록절차
 2. 자료의 제공 및 이용방법
 3. 가입자에 대한 회비 및 징수
 4. 거래정보사업자 및 가입자의 권리·의무

[거래정보사업자의 의무]

① 개업공인중개사로부터 공개를 의뢰받은 정보에 한정하여 이를 정보망에 공개해야 한다.

② 개업공인중개사로부터 의뢰받은 내용과 다르게 공개한 경우, 개업공인중개사에 따라 정보가 차별적으로 공개되도록 한 경우

 ▸ 지정취소 & 1년 이하 징역 또는 1천만원 이하의 벌금

[지정취소] ~할 수 있다(○)   ~해야 한다(×)

① 거짓 부정한 방법으로 지정받은 경우 3-3(×)

② 운영규정 승인× 변경승인× 운영규정 위반 500과

③ 개공으로부터 의뢰받지 않은 정보를 공개 / 의뢰받은 것과 다르게 공개 / 개공에 따라 차별 공개 1-1

④ 사망 또는 해산으로 운영이 불가능한 경우

⑤ 정당한 사유 없이 지정받은 날부터 1년 이내 운영×

 ▸ ④ 청문×   ①②③⑤ 청문○

[개업공인중개사의 의무]

① 중개대상물의 **정보**를 거짓으로 공개한 경우

② 중개가 완성된 사실을 **지체** 없이 거래정보사업자에게 통보하지 아니한 경우

 ▸ 순수 업무정지(○) <u>등록을 취소할 수 있다(×)</u>

 ▸ 국토교통부령 업무정지 기준(① 6개월 ② 3개월)

테마28 공인중개사협회

[설립절차]

① <u>300명</u> 이상 발기인이 되어 <u>정관을 작성</u>하여

② <u>600명</u> 이상 출석한 <u>창립총회</u>에서 과반수의 동의를 얻어

③ 국토교통부장관의 설립**인가**를 받아

④ 주된 사무소의 소재지에서 설립등기를 함으로써 성립한다.

 ▸ 창립총회에는 서울특별시에서 ＿＿＿**명** 이상, 광역시 · 도 · 특별자치도에서 각각 ＿＿**명** 이상의 개공이 참여해야 한다.

[협회의 성격, 구성, 업무]

① 협회는 법인으로 한다.

② <u>민법</u> 중 <u>사단법인</u>에 관한 규정을 적용한다.

 ▸ 상법(×) 재단법인(×)

③ 정관이 정하는 바에 따라 시·도에 지부를, 시·군·구에 지회를 <u>둘 수 있다.</u>

 ▸ 각 시·도에 지부를 두어야 한다. ( )

④ 지부를 설치한 때에는 시·도지사에게 신고, 지회를 설치한 때에는 등록관청에 신고해야 한다.

 ▸ 지부를 설치한 때에는 등록관청에 신고해야 한다. ( )

⑤ 협회는 총회의 의결내용을 <u>지체 없이</u> <u>국토부장관</u>에게 <u>보고</u>해야 한다.

⑥ 부동산정보제공에 관한 업무를 수행할 수 있다.

[공제사업]

① 목적 : <u>비영리</u>사업으로서 회원간의 상호부조

② 공제규정은 **국토교통부장관의 승인**을 얻어야 하며 이를 변경하려는 경우에도 승인을 얻어야 한다.

③ 책임준비금은 <u>공제료 수입액</u>의 100분의 10 이상 적립해야 한다.

▸ 협회 총수입액의 100분의 10 이상을 적립( )

④ 책임준비금을 다른 용도로 사용하려면 **국토교통부장관의 승인**을 얻어야 한다.

⑤ 공제사업 운용실적을 매 회계연도 종료 후 __개월 이내에 일간신문 또는 협회보에 **공시하고** 홈페이지에 **게시해야 한다.** ▸500과

[재무건전성 유지]

① 공제금 지급능력과 경영의 건전성을 확보하기 위하여 다음의 **재무건전성 기준**을 지켜야 한다.

▸ 지급여력비율은 100분의 100 이상을 유지해야 한다.

▸ 지급여력비율 = $\dfrac{지급여력\ 금액}{지급여력\ 기준금액}$

② <u>국토교통부장관</u>은 재무건전성 기준에 관하여 필요한 세부기준을 정할 수 있다.

[공제사업의 검사, 개선명령]

① <u>금융감독원의 원장</u>은 국토교통부장관의 요청이 있는 경우에는 공제사업에 관하여 <u>조사 또는 검사</u>를 할 수 있다. ▸500과

② <u>국토교통부장관</u>은 공제사업 운영이 중개사고 피해자 및 공제 가입자 등의 권익을 해칠 우려가 있다고 인정하면 **개선명령**을 할 수 있다. ▸500과

㉠ 업무집행방법의 **변경**   ㉡ 자산예탁기관의 **변경**
㉢ 자산의 장부가격의 **변경**
㉣ 불건전한 자산에 대한 적립금의 보유
㉤ 가치가 없다고 인정되는 자산의 **손실** 처리

[징계, 해임요구]

• <u>국토교통부장관</u>은 협회 임원이 아래에 해당하여 공제사업을 건전하게 운영하지 못할 우려가 있는 경우 **징계·해임**을 요구하거나 위반행위의 **시정**을 명할 수 있다. ▸500과

[징계·해임을 요구하거나 시정을 명할 수 있는 사유]
㉠ 국토교통부장관의 **개선명령**을 이행하지 아니한 경우
㉡ **공제규정**을 위반하여 업무를 처리한 경우
㉢ 재무**건전성** 기준을 지키지 아니한 경우

▸ 개 공 건전 → 징계·해임 요구

[공제사업 운영위원회]

① 공제사업을 심의하고 그 업무집행을 감독하기 위하여 <u>협회에 운영위원회를 둔다</u>.

② 운영위원회의 위원의 수는 ___**명 이내**로 한다.

③ 운영위원회는 <u>성별</u>을 고려하여 구성한다.

④ '<u>협회 회장 및 협회 이사회가 협회 임원 중에서 선임하는 사람</u>'
→ 전체 위원수의 ___분의 1 미만으로 구성

⑤ '<u>협회 회장 및 국토부장관이 공무원</u> 중에서 지명하는 사람 1명'을 제외한 위원의 임기는 <u>2년</u>으로 하며, 임기가 제한된 위원은 <u>1회</u>에 한하여 연임할 수 있다.

⑥ 운영위원회에는 위원장과 부위원장 각각 1명을 두되, **위원장 및 부위원장**은 위원 중에서 각각 **호선(互選)한다.**

▸ 위원장은 국토교통부장관이 임명한다. ( )

⑦ 위원장이 부득이한 사유로 그 직무를 수행할 수 없을 때에는 <u>부위원장</u>이 그 <u>직무</u>를 대행한다.

⑧ 회의는 재적위원 과반수의 출석으로 개의하고, <u>출석위원</u> 과반수의 찬성으로 심의사항을 <u>의결한다</u>.

▸ 재적위원 과반수 찬성으로 의결한다. ( )

⑨ 간사 및 서기는 공제업무를 담당하는 협회의 직원 중에서 <u>위원장이 임명한다</u>.

⑩ <u>간사</u>는 회의 때마다 회의록을 작성하여 다음 회의에 보고하고 이를 보관하여야 한다.

[감독상 명령, 지도·감독]

▸ 국토부장관 → 협회, 지부, 지회

▸ 국토부장관, 시·도지사 및 등록관청 → 개업공인중개사

▸ <u>보고, 자료의 제출, 조사 또는 검사를 거부·방해 또는 기피하거나 그 밖의 명령을 이행하지 아니하거나 거짓으로 보고 또는 자료제출을 한 경우</u> : 개공(업무정지), 거래정보사업자 및 협회(500만원 이하의 과태료)

▸ 개업공인중개사와 한국공인중개사협회가 체결한 공제계약이 유효하게 성립하려면 계약 당시 공제사고 발생 여부가 확정되어 있지 않아야 한다(판례).

▸ 장래 공제사고를 일으킬 의도로 공제계약을 체결하고 나아가 실제로 공제사고를 일으켰다는 사정만으로 공제계약을 무효로 볼 수는 없다(판례).

테마29 포상금

① 포상금 지급대상

1. 개설등록을 하지 않고 중개업을 한 자(**무**)
   ‣ 등록취소, 폐업신고 후 중개업을 한 자(○)
2. **거짓** 그 밖의 부정한 방법으로 개설등록을 한 자
   ‣ 부정한 방법으로 공인중개사 자격을 취득한 자(×)
3. 자격증, 등록증 **양도·대여**한 자, 양수·대여받은 자
4. 개업공인중개사가 **아닌** 자로서 표시·광고를 한 자
5. 부동산거래질서 **교란행위**를 한 자

> (1) 거짓으로 거래가 완료된 것처럼 **꾸**미는...
> (2) **단체**를 구성하여 특정 중개대상물의 중개를 제한하거나 공동중개를 제한하는 행위
> (3) 안내문, 온라인 커뮤니티 이용하여 특정 개공에 대한 중개의뢰를 제한하는 행위
> (4) 안내문, 온라인 커뮤니티 : 현저하게 높게 표시·광고 또는 중개하는 특정 개공에게만 중개의뢰를 하도록 유도
> (5) 안내문, 온라인 커뮤니티 : 특정 가격 이하로 중개를 의뢰하지 아니하도록 유도
> (6) 개공의 정당한 표시·광고 행위를 방해한 자
> (7) 시세보다 현저하게 높게 표시·광고하도록 강요, 현저하게 높게 표시·광고하도록 유도한 자

‣ 중개대상물이 존재하지 않아서 실제로 거래할 수 없는 중개대상물에 대한 표시·광고를 한 자를 신고 : 포상금( )

‣ 가격 등 내용을 사실과 다르게 거짓으로 표시·광고하거나 과장되게 하는 표시·광고를 한 자를 신고 : 포상금( )

② 신고 또는 고발 : 등록관청, 수사기관, 신고센터
   포상금 지급 : 등록관청

③ 포상금은 1건당 50만원으로 한다.

④ 일부를 국고에서 보조할 수 있다.
   ‣ 전부( ) 협회에서 보조( ) 시·도에서 보조( )
   ‣ 보조비율은 100분의 50 이내로 한다. 1건당 25만원까지

⑤ 검사가 공소제기 또는 기소유예의 결정을 한 경우에 **한하여** 지급한다.
   ‣ 검사가 공소제기 결정을 한 경우에 한하여 지급한다( )
   ‣ 검사가 무혐의처분을 한 경우 : 지급( )
   ‣ 공소제기 후 무죄판결을 받은 경우 : 지급( )
   ‣ 무죄판결을 받은 경우 : 지급( )
   ‣ 공소제기 된 후 벌금형을 선고받은 경우 : 지급( )

⑥ 포상금지급신청서를 **등록관청**에 제출해야 한다.

> ※ 구비서류
> 1. 수사기관의 고발확인서(수사기관에 고발한 자)
> 2. 포상금 배분에 관한 합의 각서(2인 이상 공동신고)

⑦ 포상금의 지급결정은 등록관청이 한다.
   ‣ 지급결정일부터 1개월 이내에 포상금을 지급해야 한다.
   ‣ 등록관청은 포상금 지급신청서를 접수한 날부터 1개월 이내에 포상금을 지급해야 한다. ( )

⑧ 2인 이상이 공동으로 신고한 경우 배분액 합의가 없는 한 **균등**하게 지급한다. 다만, 배분방법의 합의가 있는 경우 합의된 방법이 우선한다.
   ‣ 2인 이상이 공동으로 신고한 경우 배분방법의 합의가 있더라도 균등하게 지급한다. ( )

⑨ 하나의 사건에 대해 2건 이상의 신고 또는 고발이 접수된 경우 최초로 신고·고발한 자에게 지급한다. ‣ 건수에 따라 균등하게 지급한다. ( )

[자격취소] ~ 하여야 한다.

① 부정한 방법으로 자격을 취득한 자 3-3(×)
② 다른 사람에게 자기의 성명을 사용하여 중개업을 하게 한 자, 자격증을 양도한 자, 대여한 자
③ 자격정지기간 중에 중개업무를 한 자
   자격정지기간 중에 다른 개공의 소공·보조원·사원·임원이 된 자
④ 공인중개사법 위반 징역형 선고(집행유예 포함)
⑤ 공인중개사의 직무와 관련하여 형법을 위반(범죄단체 조직, 사문서 위조 · 변조 · 행사, 사기, 횡령, 배임)하여 금고, 징역형을 선고받은 경우(집행유예 포함)

▸ 공인중개사의 직무 관련하여 형법상 사기죄로 징역형을 선고받은 경우 시·도지사는 자격을 취소해야 한다. ( )

[자격정지] 시·도지사 - 소공 - 6개월의 범위 내에서~

[자격정지]	개공
① 금지행위(판매명수/관직쌍투꾸단)	임등취
② 둘 이상의 중개사무소에 소속(이중소속)	절등취
③ 거래계약서 거래금액 거짓 기재하거나, 서로 다른 둘 이상의 거래계약서 작성	임등취
④ 확인·설명서 서명 및 날인 ×	업무정지
⑤ 거래계약서 서명 및 날인 ×	업무정지
⑥ 성실·정확하게 확인·설명 하지 않은 자 설명의 근거자료 제시하지 않은 자	500과
⑦ 인장등록을 하지 않은 자 등록하지 않은 인장을 사용한 자	업무정지

▸ 처분기준(국토교통부령) - 금이둘(6월), 서서 확인 인(3월)
▸ 동기·결과횟수를 참작하여 2분의 1 범위 안에서 가중 또는 경감할 수 있으나, 가중하는 때에도 6월을 초과할 수 없다.
▸ 기준 3개월 : 2개월(○) 4개월(○) 5개월(×) 6개월(×)
▸ 기준 6개월 : 2개월(×) 3개월(○) 4개월(○) 5개월(○)

▸ 전속중개계약서 사용× 보존× : 업무정지( ) 자격정지( )
▸ 확인·설명서 및 거래계약서 교부× 보존×
   : 업무정지( ) 자격정지( )
▸ 확인·설명서 및 거래계약서 서명 및 날인×
   : 업무정지( ) 자격정지( )

[절등취(절), 임등취(임)]

① 개업공인중개사의 사망, 법인인 개공의 해산 ( )
② 등록기준 미달 ( )
③ 한정후견·성년후견 개시심판 받은 경우, 파산선고, 금고·징역 실형선고, 금고·징역 집행유예, 이법 300 이상 벌금형 받은 경우, 자격취소가 된 경우 ( )
④ 사원·임원이 결격사유에 해당하고 2개월 이내에 해소하지 않은 경우 ( )
⑤ 금지행위(판매명수/관직쌍투꾸단)를 한 경우 ( )
⑥ 전속중개계약 체결 후 정보를 공개하지 않거나 의뢰인의 비공개요청에도 불구하고 정보를 공개한 경우 ( )
⑦ 거짓 그 밖의 부정한 방법으로 개설등록을 한 경우 ( )
⑧ 부득이한 사유 없이 6개월 초과하여 휴업한 경우 ( )
⑨ 손해배상책임을 보장하기 위한 조치를 이행하지 아니하고 업무를 개시한 경우 ( )
⑩ 다른 사람에게 자신의 성명·상호를 사용해 중개업무를 하게 하거나 등록증 양도·대여한 경우 ( )
⑪ 거래계약서에 거래금액 등 거래내용을 거짓으로 기재하거나 서로 다른 둘 이상의 계약서를 작성한 경우 ( )
⑫ 이중으로 중개사무소 개설등록을 한 경우 ( )
⑬ 둘 이상의 중개사무소를 둔 경우, 임시 중개시설물 ( )
⑭ 다른 개공의 소공·보조원, 사원·임원이 된 경우 ( )
⑮ 5배수를 초과하여 중개보조원을 고용한 자 ( )
⑯ 법인인 개업공인중개사가 겸업제한을 위반한 경우 ( )
⑰ 업무정지기간 중에 중개업무를 한 경우 ( )
⑱ 자격정지 중인 소공으로 하여금 자격정지기간 중에 업무를 하게 한 경우 ( )
⑲ 최근 1년 이내에 업무정지 2회 + 업 위반 ( )
⑳ 최근 1년 이내에 업 또는 과 3회 + 업 또는 과 위반 ( )
㉑ 공정거래법 위반하여 시정조치 또는 과징금을 최근 2년 이내에 2회 이상 받은 경우( )

[절대적 등록취소] 결격사유는 절대적 등록취소 사유이다.

1. 한정후견개시의 심판을 받은 경우 : 절등취( )
2. 사기죄로 징역형을 선고받은 경우 : 절등취( )
3. 도로교통법 위반 금고형의 집행유예 선고 : 절등취( )
4. 공인중개사법 위반 200만원 벌금형 선고받은 경우 : 절등취( )
5. 법인의 임원이 결격사유에 해당하고 그 결격사유를 70일 만에 해소한 경우 : 절등취( )

[절대적 등록취소] 절등취 사유는 업무정지 처분을 하지 못한다.

1. 거짓 부정 등록한 경우 업무정지처분을 할 수 있다. (   )
2. 등록증을 대여한 경우 업무정지처분을 할 수 있다. (   )

[임의적 등록취소] 등록을 취소해야 한다. (✕)

1. 중개보수를 초과하여 받은 경우 등록관청은 개설등록을 취소 해야 한다. (   )
2. 둘 이상의 중개사무소를 둔 경우 등록관청은 개설등록을 취소 해야 한다. (   )
3. 중개의뢰인과 직접거래를 한 경우 업무정지처분을 할 수 있다. (   )
4. 법인이 최근 1년 이내에 겸업제한을 1회 위반한 경우 업무 정지처분을 할 수 있다. (   )

[이중등록, 이중소속, 이중사무소, 이중계약서]

① **이중**으로 중개사무소 개설**등록**을 한 자 : 절등취 및 1-1
② 둘 **이상**의 **중개**사무소에 **소속**된 자 = 이중소속
　개공(절등취&1-1), 소공(자격정지&1-1), 중개보조원(1-1)
③ 둘 이상의 중개**사무소**를 둔 자, **임**시중개시설물 : 임등취 & 1-1
④ 거래계약서 거짓 기재, 둘 계약서 : 임등취, 자격정지, 1-1(✕)

[최근 1년 이내에]

1. 과과 + 과태료(위반) = 업무정지
　과업 + 과태료(위반) = 업무정지
　업업 + 과태료(위반) = 업무정지

2. 업업 + 업(위반) = 절등취

3. 과 과 과 + 업무정지(위반) = 임등취
　과 과 업 + 업무정지(위반) = 임등취
　과 **업 업** + 업무정지(위반) = **절등취**

4. 과 과 과 + 과태료(위반) = 임등취
　과 과 업 + 과태료(위반) = 임등취
　과 업 업 + 과태료(위반) = 임등취

[업무정지] – (6)개월 또는 (3)개월 표시하세요.

① 임등취 사유를 위반한 자 (   )
② 최근 1년 이내에 2회 업무정지 또는 과태료 처분을 받고 다시 과태료 사유를 위반한 경우 (   )
③ 소공 또는 중개보조원이 결격사유에 해당하고 2개월 이내에 해소하지 않은 경우 (   )
④ 중개대상물의 정보를 거짓으로 공개한 경우 (   )
⑤ 거래가 완성된 사실을 거래정보사업자에게 지체 없이 통보 하지 않은 경우 (   )
⑥ 전속중개계약서를 사용✕ 보존✕ (   )
⑦ 확인·설명서 교부✕ 보존✕ 서명 및 날인✕ (   )
⑧ 거래계약서 작성·교부✕ 보존✕ 서명 및 날인✕ (   )
⑨ 조사·검사를 거부·방해·기피하거나 그 밖의 명령을 이행 하지 아니하거나 거짓으로 보고 또는 자료제출을 한 경우 (   )
⑩ 인장등록 ✕, 등록하지 않은 인장 사용 (   )
⑪ 공정거래법 사업자단체 금지행위를 위반하여 시정조치 또는 과징금을 받은 경우

▸ 2분의 1 범위 안에서 가중/경감, 6개월을 초과할 수 없다.

▸ 위반행위가 둘 이상인 경우에는 각 업무정지기간을 합산 한 기간을 넘지 않는 범위에서 가장 **무거운** 처분기준의 2분의 1의 범위에서 가중한다. 다만, 가중하는 경우에도 총 업무정지기간은 6개월을 넘을 수 없다.

　▸ 1, 3 → 합산 4개월, 가중 4.5개월 → 4개월

▸ 위반행위가 사소한 부주의나 오류 등, 위반행위를 시정하거나 해소하기 위해 노력 : 2분의 1 범위에서 줄일 수 있다.

▸ 위반행위의 내용·정도가 중대하여 소비자에게 미치는 피해 가 크다고 인정되는 경우 : 2분의 1 범위에서 늘릴 수 있다. 6개월 초과X

[순수한 업무정지 사유] 등록을 취소할 수 있다(✕)

▸ 표준서식인 전속중개계약서를 사용하지 않은 경우 등록 관청은 개설등록을 취소할 수 있다. (   )

▸ 거래계약서를 작성·교부하지 아니하거나 보존하지 아니한 경우 등록관청은 개설등록을 취소할 수 있다. (   )

[자격취소(정지) 처분권자]

① 자격취소 및 자격정지처분 : 교부한 시·도지사

② 자격증을 교부한 시·도지사와 중개사무소 소재지를 관할하는 시·도지사가 서로 다른 경우에는

> ‣ 사무소 관할 시·도지사가 자격취소(정지)처분을 행한다( )
>
> ‣ 자격증 교부한 시·도지사가 자격취소처분에 필요한 절차를 이행한다. ( )
>
> ‣ 사무소 관할 시·도지사가 자격취소처분에 필요한 절차를 이행해야 한다. ( )
>
> ‣ 자격증을 교부한 시·도지사가 자격취소처분에 필요한 절차를 모두 이행한 후 사무소 관할 시·도지사에게 통보해야 한다. ( )

[자격취소 - 청문, 보고, 반납, 사유서]

① 시·도지사는 자격을 취소하고자 하는 경우에는 청문을 실시해야 한다.

② 시·도지사는 자격취소처분을 한 때에는 5일 이내에 국토부장관에게 보고하고 다른 시·도지사에게 통지해야 한다.

> ‣ 시·도지사는 자격정지처분을 한 때에는 5일 이내에 이를 국토부장관에게 보고해야 한다. ( )
>
> ‣ 시·도지사는 자격취소처분을 한 사실을 다른 시·도지사에게 통지해야 한다. ( )
>
> ‣ 시·도지사는 자격정지처분을 한 사실을 국토교통부장관에게 보고할 의무가 없다. ( )

③ 자격취소처분을 받은 날부터 7일 이내에 자격증을 교부한 시·도지사에게 자격증을 반납해야 한다.

> ‣ 자격정지처분을 받은 자는 처분을 받은 날부터 7일 이내에 자격증을 반납해야 한다. ( )
>
> ‣ 자격취소 처분을 받은 개업공인중개사는 사무소 관할 시·도지사에게 자격증을 반납해야 한다. ( )

④ 분실 등의 사유로 반납할 수 없는 자는 반납을 대신하여 이유를 기재한 사유서를 제출해야 한다.

‣ 자격정지 : 청문(×) 보고·통지(×) 반납(×)

[자격정지]

> 등록관청은 공인중개사의 자격정지사유에 해당하는 사실을 알게 된 때에는 지체 없이 그 사실을 시·도지사에게 통보해야 한다.

‣ 시장·군수 또는 구청장은 소속공인중개사의 자격정지 사유 발생시 6개월의 범위 안에서 자격을 정지할 수 있다. ( )

[등록취소 - 청문, 반납]

> ① 등록관청은 사망·해산을 제외하고 등록을 취소하고자 하는 경우에는 청문을 실시해야 한다.
>
> ② 등록취소처분을 받은 날부터 7일 이내에 등록관청에 등록증을 반납해야 한다.
>
> ‣ 법인의 해산으로 인하여 등록취소가 된 경우에는 법인의 대표자이었던 자가 등록취소 후 7일 이내에 등록증을 반납해야 한다.

[업무정지]

> ① 법인인 개공에 대하여는 법인 또는 분사무소별로 업무정지를 명할 수 있다.
>
> ‣ 분사무소별로 업무정지처분을 명해야 한다. (×)
>
> ② 업무정지처분은 그 사유가 발생한 날부터 3년이 경과한 때에는 이를 할 수 없다.

‣ 업무정지처분은 그 사유가 발생한 날부터 1년이 경과한 때에는 이를 할 수 있다. ( )

‣ 업무정지처분은 그 사유가 발생한 날부터 2년이 경과한 때에는 이를 할 수 있다. ( )

‣ 자격정지 사유가 발생한 날부터 3년이 경과한 때에는 자격정지 처분을 할 수 없다. ( )

‣ 등록취소 사유가 발생한 날부터 3년이 경과한 때에는 등록취소 처분을 할 수 없다. ( )

‣ 업무정지 : 청문×, 등록증 반납×, 지체 없이 간판철거×

[행정재제처분효과의 승계]

① 폐업신고 후 등록관청을 달리하여 다시 등록을 한 때에도 폐업신고 전의 지위를 승계한다.

② 법인이 폐업신고를 한 후 대표자가 공인중개사인 개업공인중개사로 등록을 한 때에는 대표자가 폐업신고 전의 법인인 개공의 지위를 승계한다.

[폐업 전에 받은 업무정지 및 과태료]

폐업신고 전의 개공에 대하여 행한 업무정지 및 과태료 처분의 효과는 그 처분일부터 1년간 재등록한 개공에게 승계된다. ▸ 폐업신고일부터 1년간 승계(×)

▸ 폐업신고 전의 개업공인중개사에게 행한 업무정지 처분의 효과는 그 처분일부터 10개월이 된 때에 재등록을 한 개업공인중개사에게 승계된다. ( )

▸ 폐업신고 전의 개업공인중개사에게 행한 과태료 처분의 효과는 그 처분일부터 15개월이 된 때에 재등록을 한 개업공인중개사에게 승계된다. ( )

[폐업 전에 위반했던 등록취소 및 업무정지사유]

① 폐업기간이 3년을 초과한 경우, 재등록 개공에 대하여 폐업신고 전의 사유로 등록취소처분을 할 수 없다.

② 폐업기간이 1년을 초과한 경우, 재등록 개공에 대하여 폐업신고 전의 사유로 업무정지처분을 할 수 없다.

③ 재등록한 개공에게 폐업 전의 사유로 행정처분을 함에 있어서는 폐업기간과 폐업의 사유 등을 고려해야 한다.

▸ 등록증을 대여한 후 폐업을 하였고, 4년의 폐업기간 경과 후 다시 개설등록을 한 경우, 등록관청은 폐업 전의 위반사유로 개설등록취소 처분을 할 수 있다. ( )

▸ 확인·설명서를 교부하지 않은 날부터 3개월 후 폐업을 하였고, 2년의 폐업기간 경과 후 다시 개설등록을 한 경우, 등록관청은 폐업 전의 사유로 업무정지처분을 할 수 있다. ( )

▸ 폐업기간이 10개월인 재등록 개업공인중개사에게 폐업신고 전의 업무정지사유에 해당하는 위반행위에 대하여 업무정지처분을 할 수 있다. ( )

▸ 폐업기간이 2년 6개월인 재등록 개업공인중개사에게 폐업신고 전의 등록취소 사유에 해당하는 위반행위를 이유로 개설등록취소처분을 할 수 있다. ( )

테마32 행정형벌(3-3, 1-1)

① 거래상 중요사항에 관하여 거짓된 언행 그 밖의 방법으로 의뢰인의 판단을 그르치게 한 자( )

② 탈세 등 목적으로 미등기전매를 중개하거나 관계법령에 의하여 전매 등이 제한된 부동산의 매매를 중개하는 등 투기를 조장하는 행위를 한 자( )

③ 중개사무소 개설등록을 하지 않고 중개업을 한 자( )

④ 등록을 하지 않고 중개업을 하는 자임을 알면서 그를 통하여 중개를 의뢰받은 자 / 등록을 하지 않고 중개업을 하는 자임을 알면서 그에게 자기의 명의를 이용하게 한 자( )

⑤ 중개의뢰인과 직접거래 / 거래당사자 쌍방대리( )

⑥ 업무상 알게 된 비밀을 누설한 자( )

⑦ 둘 이상의 중개사무소에 소속된 자( )

⑧ 타인에게 자기의 성명을 사용하여 업무를 하게 하거나 자격증을 양도·대여한 자 또는 양수·대여받은 자, 이를 알선한 자( )

⑨ 이중으로 중개사무소 개설등록을 한 자( )

⑩ 둘 이상의 중개사무소, 임시 중개시설물을 설치한 자( )

⑪ 중개대상물의 매매를 업으로 한 자( )

⑫ 관계 법령에서 양도·알선이 금지된 부동산의 분양·임대와 관련 있는 증서를 중개하거나 매매를 업으로 한 자( )

⑬ 중개보수 또는 실비를 초과하여 금품을 받는 자( )

⑭ 공인중개사가 아닌 자로서 공인중개사 또는 유사한 명칭을 사용한 자( )

⑮ 거짓 그 밖의 부정한 방법으로 개설등록을 한 자( )

⑯ 거래정보사업자가 개공으로부터 의뢰받지 않은 정보를 공개한 경우, 의뢰받은 내용과 다르게 공개하거나 개공을 차별하여 정보를 공개한 경우( )

⑰ 성명 또는 상호를 사용하여 중개업무를 하게 하거나, 등록증 양도·대여한 자 / 양수·대여받은 자, 이를 알선한 자( )

⑱ 개업공인중개사가 아닌 자로서 "공인중개사사무소", "부동산중개" 또는 유사명칭을 사용한 자( )

⑲ 개업공인중개사가 아닌 자로서 중개업을 하기 위하여 중개대상물에 대한 표시·광고를 한 자( )

⑳ 5배수를 초과하여 중개보조원을 고용한 자 ( )

㉑ 부당한 이익을 얻거나 부당한 이익을 얻게 할 목적으로 거짓으로 거래가 완료된 것처럼 꾸미는 등 중개대상물의 시세에 부당한 영향을 주거나 줄 우려가 있는 행위( )

㉒ 단체 구성하여 특정 중개대상물의 중개를 제한하거나 단체 구성원 이외의 자와 공동중개를 제한하는 행위( )

㉓ 안내문, 온라인 커뮤니티 이용하여 특정 개공 등에 대한 중개의뢰를 제한하거나 제한을 유도하는 행위(　　)

㉔ 안내문, 온라인 커뮤니티 이용하여 시세보다 현저하게 높게 표시·광고 또는 중개하는 특정 개공에게만 중개의뢰를 하도록 유도함으로써 다른 개업공인중개사등을 부당하게 차별하는 행위(　　)

㉕ 안내문, 온라인 커뮤니티 등을 이용하여 특정 가격 이하로 중개를 의뢰하지 아니하도록 유도하는 행위(　　)

㉖ 정당한 사유 없이 개공의 정당한 표시·광고 행위를 방해하는 행위(　　)

㉗ 개공등에게 시세보다 현저하게 높게 표시·광고하도록 강요하거나 대가를 받기로 약속하고 시세보다 현저하게 높게 표시·광고하도록 유도하는 행위(　　)

▸ 행정처분과 행정형벌은 병과할 수 있다. (○)
▸ 징역형과 벌금형은 병과할 수 있다. (×)

테마33 과태료(500만 이하, 100만 이하)

[100만원 이하의 과태료]
① 중개사무소 이전신고를 하지 아니한 자
② 중개완성시 손해배상책임에 관한 내용을 설명하지 않거나, 보증관계증서 사본 또는 전자문서를 교부하지 아니한 자
③ 등록증 등을 게시하지 아니한 자
④ 자격취소 후 자격증 반납×, 사유서 제출×, 또는 거짓으로 반납할 수 없는 사유서 제출한 자
⑤ 등록취소 후 등록증을 반납하지 아니한 자
⑥ 휴업, 폐업, 재개, 휴업기간 변경신고 하지 아니한 자
⑦ 표시·광고 함에 있어서 중개사무소 및 개공 등에 관한 사항을 표시×, 중개보조원 함께 명시
⑧ 사무소의 명칭에 "공인중개사사무소", "부동산중개"라는 문자를 사용하지 않거나 옥외 광고물에 성명을 표기하지 아니하거나 허위로 표기한 개업공인중개사
⑨ 부칙상 개공이 "공인중개사사무소" 문자 사용한 경우

▸ ④ 시·도지사가 과태료 부과 / 나머지는 등록관청이 부과
▸ 과태료의 부과기준은 대통령령으로 정한다.
▸ 이보게 자격증(①~④) 30만, 폐업과 그 친구들(⑥) 20만, 등 광고 문자 문자(⑤⑦⑧⑨) 50만

[500만원 이하의 과태료]

[연수교육 개공/소공 - 시·도지사가 부과]
① 정당한 사유 없이 연수교육을 받지 않은 자

[개업공인중개사, 중개보조원 - 등록관청이 부과]
② 중개보조원임을 의뢰인에게 알리지 아니한 자 및 개업공인중개사(개공이 상당한 주의·감독한 경우×)
③ 중개대상물에 대하여 부당한 표시·광고를 한 자
④ 성실·정확하게 확인·설명을 하지 아니하거나, 설명의 근거자료를 제시하지 아니한 개업공인중개사

[부과기준 - 대통령령]
▸ 성실·정확하게 확인·설명×, 근거자료 제시○ : 250만원
▸ 성실·정확하게 확인·설명○, 근거자료 제시× : 250만원
▸ 성실·정확하게 확인·설명×, 근거자료 제시× : 500만원

[정보통신서비스 제공자 - 국토부장관이 부과]
⑤ 표시·광고 모니터링의 관련 자료 제출요구에 따르지 아니하여 관련 자료를 제출하지 아니한 자
⑥ 모니터링 결과에 따라 이 법 위반이 의심되는 표시·광고에 대한 확인 또는 추가정보의 게재 등의 요구에 따르지 아니하여 필요한 조치를 하지 아니한 자

[거래정보사업자 - 국토부장관이 부과]
⑦ 운영규정의 승인×, 변경승인×, 운영규정에 위반
⑧ 조사·검사를 거부·방해·기피하거나 그 밖의 명령을 이행하지 아니하거나 거짓으로 보고 또는 자료제출

[공인중개사협회 - 국토부장관이 부과]
⑨ 공제사업 운용실적을 공시하지 아니한 경우
⑩ 조사·검사를 거부·방해·기피하거나 그 밖의 명령을 이행하지 아니하거나 거짓으로 보고 또는 자료제출
⑪ 국토부장관의 임원에 대한 징계·해임 요구를 이행하지 않거나, 시정명령을 이행하지 않은 경우
⑫ 금융감독원장의 공제사업의 조사·검사에 불응한 경우
⑬ 국토부장관의 공제사업 개선명령을 이행하지 않은 경우

▸ 2분의 1의 범위에서 그 금액을 늘리거나 줄일 수 있다. 다만, 늘리는 경우에도 각각의 과태료 금액의 상한을 초과할 수 없다.

(1) 부동산등(부동산 또는 부동산을 취득할 수 있는 권리)

① **부동산** : 토지 또는 건축물의 매매계약
② **부동산을 취득할 수 있는 권리**

> ▸ 주택법
> ▸ 도시 및 주거환경정비법
> ▸ 건축물의 분양에 관한 법률
> ▸ 택지개발촉진법
> ▸ 도시개발법
> ▸ 공공주택 특별법
> ▸ 산업입지 및 개발에 관한 법률
> ▸ 빈집 및 소규모주택 정비에 관한 특례법

> ㉠ 위 법률에 따른 부동산에 대한 공급계약
> ㉡ 위 공급계약을 통하여 <u>부동산을 공급받는</u> 자로 선정된 지위의 매매계약
> ㉢ <u>도시 및 주거환경정비법</u>에 따른 관리처분계획 인가로 취득한 입주자로 선정된 지위의 매매계약
> ㉣ <u>빈집 및 소규모주택 정비에 관한 특례법</u>에 따른 사업시행계획 인가로 취득한 입주자로 선정된 지위의 매매계약

▸ 입목·광업재단·공장재단(　)
▸ 공인중개사법령상 중개대상물의 매매계약은 모두 부동산 거래신고를 해야 한다(　)

▸ 도시 및 주거환경정비법 : ㉠㉡㉢
▸ 빈집 및 소규모주택 정비에 관한 특례법 : ㉠㉡㉣

▸ 건축법에 따른 부동산의 공급계약(　)
▸ 건축법에 따라 공급된 건축물의 매매계약(　)
▸ 택지개발촉진법에 따라 공급된 토지의 임대차계약(　)
▸ 민사집행법에 따른 경매로 취득한 토지의 매매계약(　)

▸ 교환(　)
▸ 증여(　)
▸ 임대차 : 부동산 거래신고(　)
　　▸ 일정한 주택의 임대차 계약 : 주택 임대차계약의 신고
▸ 경매(　)

(2) 신고관청 및 신고기한

① <u>부동산등 소재지</u> 관할 시장(구×시장·특별자치시장·특별자치도의 행정시)·군수 또는 구청장

> ▸ 부동산등 소재지를 관할하는 특별자치시장은 부동산 거래의 신고관청이 된다. (　)
> ▸ A군에 중개사무소를 둔 개업공인중개사가 B군에 소재한 토지의 매매계약을 중개한 경우 ＿군에 신고해야 한다.
> ▸ 개업공인중개사는 중개사무소 소재지 관할 시장·군수·구청장에게 부동산 거래신고를 해야 한다. (　)

② 신고기한 : <u>계약체결일부터 30일 이내</u>

(3) 신고의무자

① 거래당사자간 직거래

> ㉠ 공동신고(원칙)
> ㉡ 일방이 국가, 공공기관, 지방자치단체, 지방직영기업, 지방공사, 지방공단인 경우 : <u>국가등이 신고</u>해야 한다. 다른 상대방은 신고의무가 없다.
> ㉢ 일방이 신고를 거부하는 경우에는 <u>국토교통부령으로 정하는 바에 따라 단독으로 신고</u>할 수 있다.

▸ 지방공사와 개인이 직접 매매계약을 체결한 경우 거래당사자는 공동으로 부동산 거래신고를 해야 한다. (　)
▸ 국가가 개업공인중개사의 중개로 토지를 매수하는 경우 개업공인중개사가 부동산 거래신고를 해야 한다. (　)

② 중개거래

> ㉠ 개업공인중개사가 거래계약서를 작성한 경우 <u>거래당사자는 부동산거래신고 의무가 없다.</u>
> ㉡ 공동중개를 한 경우 공동으로 신고해야 한다.
> ㉢ 일방 거부 : 국토부령에 따라 단독신고 할 수 있다.

▸ 개공과 거래당사자가 공동으로 신고해야 한다. (　)
▸ 개업공인중개사가 거래계약서를 작성하고 거래당사자가 부동산거래신고를 하면 개업공인중개사는 신고의무가 없다.
　　　　　　　　　　　　　　　　　　　　　(　)

※ 토지거래허가구역에서 토지거래계약의 허가를 받은 경우에도 부동산 거래신고를 해야 한다. (　)
※ 농지 매매계약에 관하여 농지취득자격증명을 받은 경우에도 부동산거래신고를 해야 한다. (　)

테마35 부동산거래신고 절차

(1) 거래당사자간 직거래

① **공동신고** : 거래당사자는 부동산거래계약 신고서에 **공동으로 서명 또는 날인**을 하여 제출해야 한다. 신분증명서를 보여주어야 한다.

> ▸ 거래당사자 공동신고의 경우 신고서에 거래계약서 사본을 첨부해야 한다. (　)
> ▸ 거래당사자는 신고서에 공동으로 서명 또는 날인하여 공동으로 신고서를 제출해야 한다. (　)

② **일방 국가등** : 신고서에 국가등이 <u>단독으로 서명 또는 날인</u>하여 제출해야 한다.

> ▸ 지방자체단체와 개인이 직접 매매계약을 체결한 경우 지방자치단체가 부동산거래계약 신고서에 단독으로 서명 또는 날인하여 제출해야 한다. (　)

③ **일방의 신고거부로 단독신고** : 신고서에 단독으로 서명 또는 날인한 후 <u>다음의 서류를 첨부</u>하여 제출해야 한다.

> ▸ **거래계약서 사본** 및 **단독신고 사유서**

④ **제출 대행** : 공동신고, 국가등의 단독신고, 일방의 신고거부로 인한 단독신고 모두 거래당사자의 위임을 받은 자는 신고서 제출을 대행할 수 있다.

(2) 중개거래인 경우

① 부동산거래계약 신고서에 <u>개업공인중개사가 서명 또는 날인</u>을 하여 제출해야 한다.

> ▸ 개공 및 거래당사자가 공동으로 서명 또는 날인(　)
> ▸ 거래당사자가 부동산 거래신고를 하면 개업공인중개사는 신고의무가 없다. (　)
> ▸ 거래당사자는 부동산 거래신고 의무가 없다. (　)

② **공동중개** : 신고서에 공동으로 서명 또는 날인

③ 일방이 신고를 거부한 경우 신고서에 단독으로 서명 또는 날인 후 서류를 첨부하여 제출

④ **제출 대행**

> ▸ 소속공인중개사가 부동산거래계약 신고서의 제출을 대행하는 경우, 소속공인중개사는 신분증명서를 신고관청에 보여줘야 한다. (　)
> ▸ 위임장(×) ▸ 중개보조원 : 제출대행(×)

(3) 신고내용의 검증 및 신고필증 교부

① <u>국토교통부장관</u>은 부동산거래가격 검증체계를 <u>구축·운영</u>해야 한다.

② **신고관청**은 검증체계로 신고내용을 검증하고 검증결과를 세무관서의 장에게 통보해야 한다.

③ **신고관청**은 신고내용을 확인하고 신고필증을 <u>지체 없이</u> 발급해야 한다.

④ 신고필증을 받은 때에는 매수인은 「부동산등기 특별조치법」에 따라 검인을 받은 것으로 본다.

⑤ <u>국토교통부장관</u>은 신고내용조사를 **직접** 또는 <u>신고관청과 공동</u>으로 실시할 수 있다.

※ **국토부장관**은 ①⑤ 업무를 **한국부동산원**에 위탁한다.

(4) 신고내용 조사결과 보고

① 신고관청은 신고 내용의 조사결과를 시·도지사에게 보고해야 한다.

② **시·도지사**는 신고관청이 보고한 내용을 취합하여 <u>매월 1회</u> 국토교통부장관에게 보고해야 한다.

> ▸ 신고관청은 매월 1회 국토부장관에게 직접 보고해야 한다(　)

테마36 신고사항, 신고서 작성방법

(1) 공통신고사항

> ① 매수인 및 매도인의 인적사항
> ② 중개거래인 경우 : 개공의 인적사항, <u>중개사무소의 상호·전화번호·소재지</u>
> ③ 계약 체결일 · 중도금 지급일 및 잔금 지급일
> ④ 조건이나 기한이 있는 경우에는 조건 또는 기한
> ⑤ 부동산의 종류 및 소재지, 지번, 지목, 면적
> ⑥ 실제 거래가격

> ▸ 권리관계× 공법상 제한× 기준시가×

(2) 법인이 주택(모든 주택) 거래계약을 체결하는 경우

> ① 매도법인 및 매수법인 : 법인의 <u>등기현황</u>, 거래 <u>상대방간의 관계</u> ▸ 일방이 국가등인 경우 제외. 공급계약, 분양권 제외
> ② 매수법인 : <u>취득목적, 이용계획, 자금조달계획</u> 및 지급방식(투기과열지구 : 자금조달계획을 증명하는 서류 첨부) ▸ 매도인이 국가등인 경우에도 신고○

[법인의 주택거래계약] 「주택법」상 조정대상지역에 소재하는 甲소유 X주택을 乙이 7억원에 매수하는 계약을 체결하고 乙이 신고 또는 별지로 첨부해야 할 사항? (단, 매도인 甲은 「지방공기업법」에 따른 지방공사이고 매수인 乙은 국가등이 아닌 법인임)

ㄱ. 乙 법인의 등기현황 (　)

ㄴ. 乙과 甲간의 관계 (　)

ㄷ. 乙 법인의 X주택의 취득목적 (　)

ㄹ. 乙 법인의 임대 등 거래대상 X주택의 이용계획 (　)

ㅁ. 乙의 자금의 조달계획을 증명하는 서류 (　)

×　×　○　○　×

[토지 매수시 신고사항] 甲이 토지의 취득에 필요한 자금의 조달계획을 신고관청에 신고해야 하는 경우는? (甲, 乙, 丙은 자연인이고 丁는 「지방공기업법」에 따른 지방직영기업이며 해당 토지는 토지거래허가구역 외의 지역에 소재하는 나대지임)

ㄱ. 甲이 특별시에 소재하는 乙 소유 토지를 2억원에 매수하는 경우 (　)

ㄴ. 甲이 수도권등 외의 지역에 소재하는 丙 소유 토지를 5억원에 매수하는 경우 (　)

ㄷ. 甲이 광역시에 소재하는 丁 소유 토지의 지분을 7천만원에 매수하는 경우 (　)

○　×　○

(3) 법인 외의 자(주택의 매수인) : 비규제지역 6억 이상, 투기과열지구 또는 조정대상지역의 주택

① 자금조달계획 및 지급방식(투기과열지구 : 자금조달계획을 증명하는 서류 첩부)

② 매수자 본인이 입주할지 여부, 입주 예정 시기 등 주택의 이용계획

▸ **매수인**이 국가등인 경우 신고X, 매도인이 국가등인 경우 신고O

[자연인의 주택거래계약] 매수인 甲이 자금조달계획 및 지급방식, 매수인이 입주할지 여부와 입주 예정시기를 신고해야 하는 경우는? (甲, 乙, 丙은 자연인이고, 丁은 「지방공기업법」상 지방공단임)

ㄱ. 甲이 「주택법」상 투기과열지구에 소재하는 乙소유의 주택을 실제 거래가격 3억원으로 매수하는 경우 (　)

ㄴ. 甲이 「주택법」상 '투기과열지구 또는 조정대상지역' 외의 장소에 소재하는 丙소유의 주택을 실제 거래가격 5억원으로 매수하는 경우 (　)

ㄷ. 甲이 「주택법」상 조정대상지역에 소재하는 丁소유의 주택을 실제 거래가격 10억원으로 매수하는 경우 (　)

○　×　○

(4) 토지를 매수하는 경우 추가 신고사항

① 토지의 취득에 필요한 자금의 조달계획

② 토지의 이용계획

■ 수도권등(수도권, 광역시, 세종시) : **1억원** 이상 토지. 단, 지분 매수의 경우 모든 가격의 토지

■ 수도권등 외의 지역 : **6억원** 이상 토지

□ 매수인이 국가등인 경우 및 토지거래허가구역 내의 허가대상 토지 제외, 사용승인을 받은 건축물이 소재하는 필지가격은 거래가격에서 제외할 것

(5) 부동산거래계약 신고서 작성방법

① 거래당사자가 다수인 경우 매수인 또는 매도인의 **주소란**에 각각의 거래 지분 비율을 표시

② 외국인인 경우 **국적**을 반드시 기재해야 한다.

③ 외국인이 **부동산등**을 매수하는 경우 **매수용도**에 표시한다.

④ **공급계약**은 시행사 또는 건축주등이 최초로 부동산을 공급(분양)하는 계약을 말하며, 준공 전과 준공 후 계약 여부에 따라 표시한다.

⑤ **전매**는 부동산을 취득할 수 있는 권리의 매매로서, "분양권" 또는 "입주권"에 표시한다.

⑥ "**임대주택 분양전환**"은 법인인 임대주택사업자가 임대기한이 완료되어 분양전환하는 주택인 경우에 표시한다.

⑦ 토지대장상의 지목·면적, 건축물대장상의 건축물면적, 등기사항증명서상의 대지권 비율

⑧ 집합건축물은 **전용면적**을 기재하고 집합건축물 외의 건축물은 **연면적**을 적는다.

▸ 집합건축물 : 연면적(×), 전용면적과 공용면적 합계(×)

⑨ 공급계약(분양) 또는 전매계약(분양권, 입주권)의 경우 분양**가격**, **발코니 확장** 등 선택비용 및 **추가지불액**을 각각 적는다.

⑩ 공급계약 또는 전매계약인 경우 부가가치세를 **포함**한 금액을 적고, 공급계약(전매) 외의 거래의 경우 부가가치세를 **제외**한 금액을 적는다.

⑪ 종전 부동산란은 **입주권** 매매의 경우만 작성한다.

▸ 분양권(×)

(6) 법인신고서, 자금조달 및 입주계획서

① **주택의 매도법인 및 매수법인** : 부동산거래계약 신고서에 법인 주택 거래계약 신고서(=법인신고서)를 함께 제출해야 한다.

② **주택의 매수법인 및 법인 외의 자(6억 이상, 투기, 조정)** : 부동산거래계약 신고서에 매수인이 단독으로 서명 또는 날인한 자금조달·입주계획서를 함께 제출해야 한다.

③ **1억, 6억 이상 토지** : 부동산거래계약 신고서와 매수인이 단독으로 서명 또는 날인한 토지 취득자금 조달 및 토지이용계획서를 신고관청에 함께 제출해야 한다.

④ 법인신고서 등을 부동산거래계약 신고서와 분리 제출 희망하는 경우 : 30일 이내 별도 제출

⑤ 법인신고서 등을 신고하려는 자에게 제공하는 경우 : 25일 이내

테마37 해제등신고, 정정신청, 변경신고

[부동산거래계약 해제등신고 의무]

① **거래당사자는** 계약이 해제, 무효 또는 취소된 경우 해제등이 확정된 날부터 30일 이내에 신고관청에 공동으로 신고해야 한다. 다만, 일방이 신고를 거부하는 경우에는 국토교통부령으로 정하는 바에 따라 단독으로 신고할 수 있다.

② 개업공인중개사가 부동산 거래신고를 한 경우에는 개업공인중개사가 해제등신고를 할 수 있다.

▸ 개업공인중개사가 부동산 거래신고를 한 계약이 해제된 경우 개업공인중개사는 해제등이 확정된 날부터 30일 이내에 신고관청에 신고해야 한다. (   )

[정정신청 항목]

◆ 신고필증에 다음의 내용이 잘못 기재된 경우에는 신고 내용의 정정을 신청할 수 있다.

> 1. 거래당사자의 **주소·전화번호·휴대전화번호**
> 2. 개공의 전화번호·**상호** 또는 **사무소 소재지**
> 3. 거래 지분 비율
> 4. 대지권 비율
> 5. **건축물의 종류**
> 6. **지목**, 거래 **지분**, **면적**

▸ 전주상사 비대 종류 지지면

▸ 성명, 주민등록번호, 법인명, 법인등록번호 : 정정신청×
▸ 거래가격 : 정정신청×
▸ 소재지, 지번 : 정정신청×

[변경신고 항목]

◆ 다음의 내용이 변경된 경우 등기신청 전에 신고 내용의 변경을 신고할 수 있다.

> 1. **거래 지분 비율**
> 2. **거래 지분**
> 3. 거래대상 부동산등의 **면적**
> 4. 계약의 **조건** 또는 기한
> 5. **거래가격**
> 6. **중도금·잔금** 및 지급일
> 7. 공동매수 일부 매수인 변경(일부 **제외**되는 경우만)
> 8. 부동산등이 다수인 경우 일부 부동산등의 변경 (부동산등 중 일부가 **제외**되는 경우만)
> ※ 매수인, 부동산등 **추가× 교체×**

▸ 비지면 조가중잔 제외

[정정신청 방법]

① **방법** : 발급받은 신고필증에 정정 사항을 표시하고 해당 정정 부분에 거래당사자 또는 개공이 서명 또는 날인해야 한다.

② 거래당사자의 주소·전화번호·휴대전화번호를 정정하는 경우에는 거래당사자 일방이 단독으로 서명 또는 날인하여 정정을 신청할 수 있다.

③ 신고관청은 지체 없이 신고필증 재발급해야 한다.

[변경신고 방법]

① **방법** : 변경신고서에 거래당사자 또는 개공이 서명 또는 날인하여 제출해야 한다.

② **입증자료 제출** : 면적 변경이 없는 상태에서 거래가격이 변경된 경우에는 변경신고서에 거래계약서 사본 등 그 사실을 증명할 수 있는 서류를 첨부해야 한다.

③ **신설** : 공급계약(전매)에서 거래가격 중 분양가격 및 선택품목은 거래당사자 일방이 단독으로 변경신고를 할 수 있으며 거래계약서 사본 등 이를 증명할 수 있는 서류를 첨부해야 한다.

④ 지체 없이 신고필증을 재발급해야 한다.

테마38 주택 임대차 계약의 신고

(1) 신고 대상

① 주택임대차보호법상 주택 : 사실상 주거용

② 주택을 취득할 수 있는 권리 : 신고대상 포함

③ 보증금 6천만원 초과 or 월 차임 30만원 초과

보증금	월차임	신고여부 OX
6천만원	30만원	
5천만원	40만원	
7천만원	20만원	

④ 특별시 · 광역시 · 특별자치시 · 특별자치도 · 시 · 군(광역시 및 경기도 군으로 한정한다)

▸ 인천광역시 강화군 : 신고(○), 충남 청양군 : 신고(X)

⑤ 계약을 갱신하는 경우로서 보증금 및 차임의 증감 없이 임대차 기간만 연장하는 계약은 신고의무×

(2) 신고 의무자

① **임대차계약당사자는 계약체결일부터 30일 이내** 신고관청에 **공동으로 신고하여야 한다.**

② 일방이 국가등인 경우에는 **국가등이 신고하여야 한다.**

③ 일방이 신고를 거부하는 경우에는 국토교통부령으로 정하는 바에 따라 단독으로 신고할 수 있다.

▸ 신고사항 아닌 것 : 권리관계(X), 공법상 제한(X) 개공 인적사항(X) 중개사무소 상호·전화번호·소재지(X)

(3) 신고 방법 및 절차(국토부령)

① **원칙** : 임대차 신고서에 공동으로 서명 또는 날인

② **공동신고 의제** : 당사자 일방이 임대차 신고서에 단독으로 서명 또는 날인한 후 임대차 계약서를 첨부해 신고관청에 제출한 경우에는 당사자가 공동으로 임대차 신고서를 제출한 것으로 본다.

③ **계약서 제출로 공동신고 의제** : 당사자 일방 또는 당사자의 위임을 받은 사람이 신고사항이 모두 적혀 있고 임대차계약당사자의 서명이나 날인이 되어 있는 주택 임대차 계약서를 신고관청에 제출하면 당사자가 공동으로 임대차 신고서를 제출한 것으로 본다.

④ **국가등** : 국가등이 단독으로 서명 또는 날인해 신고관청에 제출해야 한다.

⑤ 신고관청은 그 신고 내용을 확인한 후 신고인에게 신고필증을 지체 없이 발급하여야 한다.

⑥ **전자계약** : 부동산거래계약시스템을 통해 주택 임대차 계약을 체결한 경우에는 당사자가 공동으로 임대차 신고서를 제출한 것으로 본다.

(4) 다른 법률에 따른 신고 등의 의제

① 임차인이 「주민등록법」에 따라 전입신고를 하는 경우 주택 임대차 계약 신고를 한 것으로 본다.

② 임대차계약서가 제출된 주택 임대차 계약의 신고 및 변경신고의 접수를 완료한 때에는 확정일자를 부여한 것으로 본다.

(5) 변경 및 해제 신고, 정정

① 보증금, 차임 등이 변경되거나 임대차 계약이 해제된 때에는 변경 또는 해제가 확정된 날부터 30일 이내에 공동신고 / 일방이 국가등인 경우에는 국가등이 신고 / 일방이 거부하면 국토부령에 따라 단독신고 할 수 있다.

② 신고관청은 임대차 신고, 변경 및 해제 신고에 따른 사무 일부를 그 지방자치단체의 조례로 정하는 바에 따라 읍·면·동장 또는 출장소장에게 위임할 수 있다.

테마39 외국인등의 부동산 취득특례

[외국인 등 - 개인, 법인, 단체]

① 대한민국 국적을 보유하지 않은 개인

② 외국의 법령에 따라 설립된 법인 또는 단체

③ 사원 또는 구성원의 2분의 1 이상이 ①로 구성된 / 임원의 2분의 1 이상이 ①로 구성된 / ① 또는 ②가 자본금(의결권)의 2분의 1 이상을 가지고 있는 법인 또는 단체

④ 외국정부

⑤ 국제연합과 그 산하기구·전문기구

⑥ 정부간 기구, 준정부간 기구, 비정부간 국제기구

▸ 외국의 법령에 따라 설립된 법인으로서 임원의 2분의 1이 대한민국 국민으로 구성된 경우 외국인등에 해당하지 않는다. ( )

[신고] - 계약일 60일 300 / 6개월 100 / 6개월 100

① **계약(교환, 증여)** : 계약체결일부터 60일 이내에
신고관청에 신고해야 한다.

> ▸ 부동산등을 <u>취득한 날부터 60일 이내에(×)</u>
>
> ▸ 신고× 거짓신고 : 300만원 이하의 과태료
>
> ▸ 부동산거래신고를 한 경우에도 외국인등 부동산
> 취득신고를 해야 한다. ( )

② **계약 외** : <u>취득한 날부터 6개월 이내에</u> 신고

> ▸ 상속, 경매, 확정판결, 환매권 행사, 법인의 합병,
> **신축·증축·개축·재축**
>
> ▸ 신고× 거짓신고 : 100만원 이하의 과태료

③ **계속보유** : 부동산 보유한 대한민국 국민·법인
·단체가 외국인등으로 변경된 후 계속 보유
하려는 때에는 <u>변경된 날부터 6개월 이내에</u> 신고

> ▸ 신고× 거짓신고 : 100만원 이하의 과태료

[토지취득허가]

① 허가대상토지

> 1. 「군사기지 및 군사시설 보호법」에 따른 **군사시설
>   보호구역**
> 2. 「문화재보호법」에 따른 **문화재보호구역**
> 3. 「자연환경보전법」에 따른 **생태·경관보전지역**
> 4. 「야생생물 보호 및 관리에 관한 법률」에 따른 **야생
>   생물 특별보호구역**

② **계약체결 전**에 <u>신고관청</u>의 허가를 받아야 한다.

③ 토지거래계약의 허가를 받은 경우에는 외국인
토지취득허가를 받지 않아도 된다.

④ 신고관청은 허가신청을 받은 날부터 15일 이내
허가 또는 불허가의 처분을 해야 한다.

> ▸ 지정목적 달성에 지장을 주지 아니한다고 <u>인정되는</u>
> 경우에는 <u>허가하여야 한다</u>.

⑤ 허가를 받지 않고 체결한 토지취득계약은 <u>무효</u>

⑥ 허가를 받지 않고 계약을 체결하거나, 부정한
방법으로 허가를 받은 경우 **2년** 이하의 징역
또는 **2천만원** 이하의 벌금에 처한다.

■ **신고(사후, 유효, 과태료) / 허가(사전, 무효, 징역 벌금)**

1. 문화재보호구역 내의 토지는 계약체결일부터 60일
이내에 신고관청으로부터 허가를 받아야 한다. ( )

2. 토지취득계약을 체결하고 이를 신고하지 않은 경우 그
계약은 효력이 발생하지 않는다. ( )

3. 토지취득계약을 체결하고 거짓으로 신고한 경우 벌금
형에 처한다. ( )

[신고사항 제출]

① 신고관청은 외국인등의 부동산거래신고, 취득신고,
허가내용을 매 분기 종료일부터 1개월 이내에
시·도지사에게 제출해야 한다.

② 시·도지사는 제출받은 날부터 <u>1개월 이내에</u> 그
내용을 국토교통부장관에게 제출해야 한다.

③ <u>특별자치시장</u>은 매 분기 종료일부터 1개월 이내
<u>직접 국토교통부장관에게 제출해야 한다</u>.

테마40 과태료

1. 3,000만원 이하 과태료

① 매매계약 체결하지 아니하였음에도 불구하고 거짓으로 부동산 거래신고를 한 자 (3-3에 해당하며 형벌을 받지 않는 경우 3천만원 이하의 과태료 부과)

② 해제등이 되지 아니하였음에도 불구하고 거짓으로 해제등의 신고를 한 자

③ 거래대금지급증명자료를 제출하지 아니하거나 그 밖의 필요한 조치를 이행하지 않은 자

2. 500만원 이하 과태료

① 부동산 거래신고를 하지 **아니한** 자(공동신고 거부한 자)

② 거래당사자로서 해제등 신고를 하지 **아니한** 자(공동신고를 거부한 자 포함)

③ 개공으로 하여금 부동산거래신고를 하지 **아니하게** 한 자 / 거짓된 내용을 신고하도록 **요구**한 자

④ 거짓신고를 **조장**하거나 방조한 자

⑤ 거래대금지급증명자료 **외**의 자료를 제출하지 아니하거나 거짓으로 자료를 제출한 자

3. 취득가액의 100분의 10 이하 과태료

① 부동산 거래신고를 거짓으로 한 자

② 신고의무자가 아닌 자로서 거짓된 내용의 부동산거래신고를 한 자

4. 300만원 이하 과태료

외국인등으로서 계약(교환, 증여)에 따른 신고를 하지 않거나 거짓으로 신고한 자

5. 100만원 이하 과태료

1. 외국인등으로서 계약 외(상경ㅎㅎㅎㅊ)에 따른 신고를 하지 않거나 거짓으로 신고한 자

2. 외국인등으로서 계속보유에 따른 신고를 하지 않거나 거짓으로 신고한 자

3. 주택 임대차 계약의 신고, 변경신고, 해제신고를 하지 아니하거나(공동신고를 거부한 자를 포함) 거짓으로 신고한 자

[과태료 부과권자]

‣ 과태료는 신고관청이 부과한다.

‣ 신고관청이 개공에게 과태료를 부과한 때에는 <u>10일 이내에</u> 중개사무소 관할 등록관청에 부과사실을 통보해야 한다.

[자진신고 - 과태료의 감면사유가 아닌 것]

1. 거래대금 지급증명자료 **외**의 자료를 제출하지 아니하거나 거짓으로 제출한 자(500만원 이하)

2. 매매계약을 체결하지 아니하였음에도 거짓으로 부동산 거래신고를 한 자(3천만원 이하)

3. 해제등이 되지 아니하였음에도 불구하고 거짓으로 해제등의 신고를 한 자(3천만원 이하)

4. 거래대금 지급을 증명할 수 있는 자료를 제출하지 아니하거나 거짓으로 제출한 자(3천만원 이하)

‣ 외(500) 삼촌(3,000)

[자진신고 - 과태료의 감면 기준]

‣ <u>조사가 시작되기 전에</u> 자진 신고한 최초의 자 : 면제

‣ <u>조사시작 후</u> 자진 신고를 한 최초의 자 : 50% 감경

‣ 자진 신고한 날부터 과거 1년 이내에 자진 신고를 하여 <u>3회 이상</u> 과태료의 감경 또는 면제를 받은 경우 : 감면×

테마41 토지거래허가구역의 지정

[지정권자 및 지정대상지역]

① 지정권자

- 둘 이상의 시·도에 걸쳐 있는 경우 : 국토교통부장관

- 동일한 시·도 안의 일부지역 : 시·도지사(원칙)
  동일한 시·도 안의 일부지역이더라도 아래 두 가지를 모두 충족하면 국토교통부장관이 지정할 수 있다.
  ㉠ 국가 또는 공공기관이 개발사업을 시행하고
  ㉡ 지가가 급격히 상승하거나 우려가 있는 지역

▸ 허가구역이 둘 이상의 시·도에 걸쳐 있는 경우, 시·도지사가 허가구역을 지정한다. ( )

▸ 국토교통부장관 또는 시·도지사는 허가대상자(외국인등 포함), 허가대상 용도와 지목을 특정하여 허가구역을 지정할 수 있다(신설).

② 지정기간 : 5년 이내   ▸5년으로 해야 한다. (×)

③ 지정대상지역

1. 토지이용계획이 새로이 수립되거나 변경되는 지역
2. 행위제한이 완화, 해제되는 지역
3. 개발이 진행 중, 예정되어 있는 지역, 인근지역
   → 투기적 거래가 성행하거나 지가가 급격히 상승하거나 우려가 있는 지역에 지정할 수 있다.
4. 국장 또는 시·도지사가 투기우려가 있다고 인정하는 지역 / 투기가 성행할 우려가 있다고 국장 또는 시·도지사에게 요청하는 지역

※ 지정 = 해제 = 축소 : 심의
※ 재지정 : 의견 → 심의

[지정 = 해제 = 축소]

① 국토부장관은 허가구역을 지정(해제, 축소)하려면 중앙도시계획위원회 심의를 거쳐야 한다.
② 시·도지사는 허가구역을 지정(해제, 축소)하려면 시·도도시계획위원회 심의를 거쳐야 한다.

▸ 시·도지사는 허가구역을 지정하려면 시·도도시계획위원회 심의 전에 미리 시장·군수 또는 구청장의 의견을 들어야 한다. ( )

▸ 국토교통부장관은 지정사유가 없어졌다고 인정되는 경우 중앙도시계획위원회의 심의를 거치지 않고 허가구역의 지정을 해제할 수 있다. ( )

▸ 지정 사유가 없어졌다고 인정되거나 관계 지정 해제 또는 축소 요청이 이유 있다고 인정되면 허가구역의 지정을 해제하거나 일부를 축소하여야 한다. ( ) 할 수 있다. (×)

[재지정] 의견 → 심의

지정기간이 끝나는 허가구역을 계속하여 다시 허가구역으로 지정하려면

① 국토부장관은 중앙도시계획위원회의 심의 전에 시·도지사 및 시장·군수·구청장의 의견을 들어야 한다.
② 시·도지사는 시·도도시계획위원회의 심의 전에 시장·군수·구청장의 의견을 들어야 한다.

[공고 및 통지] 지정 = 재지정 = 해제 = 축소

① **공고** : 국장 또는 시·도지사는 허가구역을 지정한 때에는 지체 없이 다음의 사항을 공고해야 한다.

- ▸지정기간   ▸소재지, 지번, 지목, 용도지역
- ▸지형도   ▸허가 면제 대상 토지면적

② **통지** : 국토부장관은 공고내용을 시·도지사를 거쳐 시·군·구청장에게 통지해야 한다.
  / 시·도지사는 공고내용을 국토부장관과 시·군·구청장에게 통지해야 한다.

③ **시장·군수 또는 구청장** : 허가구역 지정·공고 내용을 통지받은 시장·군수 또는 구청장은

㉠ 지체 없이 그 공고내용을 관할 등기소장에게 통지해야 한다.

㉡ 지체 없이 그 사실을 7일 이상 공고하고, 15일간 일반이 열람할 수 있도록 해야 한다.

▸ 허가구역의 해제 또는 축소 내용의 통지를 받은 시장·군수 또는 구청장은 지체 없이 그 사실을 7일 이상 공고하고 15일간 일반이 열람할 수 있도록 해야 한다. ( )

[효력발생시기]

① 지정 : 지정권자(국장 또는 시·도지사)가 지정을 공고한 날부터 5일 후
② 재지정, 축소, 해제 : 공고일부터 즉시

테마42　허가절차

[허가절차]

① 소유권·**지상권**·유상·예약

② 계약을 체결하려는 당사자는 **공동**으로 시장·군수 또는 구청장의 허가를 받아야 한다. 허가받은 사항을 <u>변경하려는 경우에도 공동으로 허가를</u> 받아야 한다.

▸매매, 교환계약( )	▸저당권( )
▸유상 지상권 설정·이전계약( )	▸증여( )
▸소유권·지상권 보전가등기( )	▸경매( )

▸ A도 B군에 소재하는 甲토지(녹지지역, 250㎡), 乙이 취득

▸ 매매계약을 체결하려는 甲과 乙은 공동으로 A도지사의 허가를 받아야 한다. ( )

▸ 甲이 대가를 받지 않고 乙에게 지상권을 설정하려면 甲과 乙은 공동으로 B군수의 허가를 받아야 한다. ( )

③ 허가를 받으려는 자는 그 허가신청서에 계약 내용과 그 <u>토지의 이용계획</u>, 취득자금 조달계획 등을 적어 시·군·구청장에게 제출해야 한다.

④ 시장·군수 또는 구청장은 「민원 처리에 관한 법률」에 따른 <u>처리기간</u>에 허가 또는 불허가의 처분을 하고, 그 신청인에게 <u>허가증을 발급하거</u>나 불허가처분 사유를 서면으로 알려야 한다.

⑤ 시장·군수 또는 구청장은 허가신청을 받은 토지가 **선매협의** 절차가 진행 중인 경우에는 민원처리기간 내에 그 사실을 신청인에게 알려야 한다.

⑥ 허가관청은 허가신청서를 받은 날부터 15일 이내에 허가·변경허가·불허가 처분을 해야 한다.

⑦ 「민원처리에 관한 법률」에 따른 처리기간에 허가증 발급 또는 불허가처분 통지가 없거나 선매협의 통지가 없는 경우에는 그 **기간이 끝난 날의 다음 날**에 **허가**가 있는 것으로 본다. 지체 없이 <u>허가증을 발급</u>해야 한다.

[허가 기준 면적]

① 다음의 면적 <u>이하</u>는 허가가 필요하지 않다.

▸ 도시지역

주거(60) 상업(150) 공업(150) 녹지(200) 미지정(60)

▸ 도시지역 외의 지역

기타(250) 농지(500) 임야(1,000)

② 국토교통부장관 또는 시·도지사는 기준면적의 ____% 이상 ____% 이하의 범위에서 따로 공고할 수 있다.

③ 일단의 토지이용을 위하여 계약을 체결한 날부터 <u>1년 이내</u>에 일단의 토지 일부에 대하여 계약을 체결한 경우에는 토지 <u>전체</u> 거래로 본다.

④ 지정 당시 기준면적을 초과하는 토지를 허가구역 지정 후 공공목적이 아닌 사유로 분할하여 기준면적 이하가 된 경우, 분할된 해당 토지에 대한 <u>분할 후 최초의 계약</u>은 기준면적을 <u>초과하는 계약</u>으로 본다.

▸ 허가구역 지정 후 공유지분으로 거래하는 경우, 각각 지분의 최초 거래는 기준면적을 초과하는 것으로 본다.

[허가 기준 : 실수요성]

▸ 아래에 해당하는 경우에는 허가하여야 한다. ( )

▸ 아래의 경우에는 허가를 받지 않아도 된다. ( )

① 자기 거주용 주택용지

② 시·군·구청장이 확인한 복지시설 또는 편익시설

③ 농업인·임업인·어업인이 허가구역에서 농업·축산업·임업 또는 어업을 경영하기 위하여

1. 본인이 거주하는 특·광(광역시 군 제외)·특시·특도·시 또는 군(광역시 군 포함)에 소재하는 토지 취득

2. 주소지로부터 **30km** 이내에 소재하는 토지를 취득

3. **협의양도**하거나 **수용**된 날부터 **3년** 이내에 주소지로부터 <u>80km</u> 이내 <u>종전 토지가액 이하</u>의 대체농지

▸ A시에 거주하는 농업인이 주소지로부터 25km에 소재하는 B시에 소재하는 농지 취득 : 허가( )

▸ A시에 거주하는 임업인이 임업을 경영할 목적으로 주소지로부터 40km에 소재하는 B시에 소재하는 농지 취득 : 허가( )

▸ 농지를 협의양도한 날부터 3년 이내에 종전 토지가액 이하로 주소지로부터 80km에 소재하는 대체 농지의 취득 : 허가( )

④ 수용·사용할 수 있는 **사업의 시행**, 지역의 건전한 발전 등을 위한 사업의 시행, 허가구역 지정 당시에 사업을 시행하던 자가 그 사업에 이용하는 목적인 경우

⑤ 농지 외의 토지를 협의양도 또는 수용된 날부터 **3년 이내**에 그 허가구역 안에서 **대체되는 토지** 취득(종전의 토지가격 이하)

⑥ 개발·이용이 제한·금지된 토지로서 현상보존의 목적으로 토지의 취득

⑦ 임대사업을 할 수 있는 자가 임대사업을 위하여 건축물과 그에 딸린 토지를 취득하는 경우

[허가 기준 : 토지이용목적, 면적]

① 토지의 이용목적이 도시·군계획이나 이용 및 관리에 관한 계획에 맞지 아니하거나, 생태계의 보전과 주민의 건전한 생활환경 보호에 중대한 위해를 끼칠 우려가 있는 경우 : 허가×

② 면적이 그 토지의 이용목적으로 보아 적합하지 아니하다고 인정되는 경우 : 허가×

[토지이용의무]

① 허가받은 자는 대통령령이 정하는 예외사유가 없는 한 5년의 범위에서 허가받은 목적대로 이용해야 한다.

1. 자기의 거주용 **주택용지** [　]년
2. **복지 또는 편익시설** [　]년
3. **농업·축산업·임업 또는 어업** [　]년
4. 협의양도, 수용된 자가 **대체토지** [　]년
5. **사업의 시행** [　]년
6. **현상보존**의 목적 [　]년

② 허가관청은 허가받은 목적대로 이용하고 있는지 매년 1회 이상 토지의 개발 및 이용 등의 실태를 조사해야 한다.

[토지이용의무의 예외]

① 허가기준에 적합하게 당초의 이용목적을 변경하는 경우로서 허가관청의 승인을 얻은 경우

② 해외이주, 병역법에 따라 입영, 자연재해

[이행명령 및 이행강제금]

① 이행명령 : 시장·군수 또는 구청장은 이용 의무를 이행하지 아니한 자에 대하여 　개월 이내의 기간을 정하여 이용 의무를 이행하도록 명할 수 있다.

▸ 농지법상 이행강제금을 부과받은 경우에도 이용의무위반에 대하여는 이용의무 이행을 명해야 한다. ( )

② 이행강제금 : 이행명령이 정하여진 기간에 이행하지 아니한 경우에는 **취득가액(실거래가)**의 100분의 10 범위에서 이행강제금을 부과한다.

　▸ 방치 : 100분의 ＿＿＿　　▸ 임대 : 100분의 ＿＿＿
　▸ 변경 : 100분의 ＿＿＿　　▸ 기타 : 100분의 ＿＿＿

▸ 최초의 의무위반이 있었던 날을 기준으로(×)

③ 최초의 이행명령이 있었던 날을 기준으로 하여 1년에 한 번씩 그 이행명령이 이행될 때까지 반복하여 이행강제금을 부과·징수할 수 있다.

④ 이용 의무기간이 지난 후에는 이행강제금을 부과할 수 없다.

⑤ 허가관청은 이행명령을 받은 자가 그 명령을 이행하는 경우에는 새로운 이행강제금의 부과를 즉시 중지하되, 명령을 이행하기 전에 이미 부과된 이행강제금은 징수해야 한다.

⑥ 이의제기 : 이행강제금 부과처분을 고지받은 날부터 **30일** 이내에 허가관청에 이의를 제기할 수 있다.

[이의신청]

허가 또는 불허가 처분에 대하여 이의가 있는 자는 그 처분을 받은 날부터 1개월 이내에 **시장·군수 또는 구청장**에게 이의를 신청할 수 있다.

[매수청구] 매수청구(공시지가) / 선매(감정가격)

① 불허가의 처분을 받은 자는 그 통지를 받은 날부터 1개월 이내에 **시장·군수 또는 구청장**에게 해당 토지에 대한 권리의 매수를 청구할 수 있다.

② 시장·군수 또는 구청장은 국가, 지방자치단체, 한국토지주택공사, 공공기관 또는 공공단체 중에서 매수할 자를 지정한다.

③ 예산의 범위에서 **공시지가** 기준으로 매수한다. 다만, 허가신청서의 가격이 공시지가보다 **낮은** 경우에는 허가신청서의 가격으로 매수할 수 있다.

테마43   허가특례

[허가의제] - 허가를 받은 것으로 본다.

매매 등 : 허가 신청 당사자의 한쪽 또는 양쪽이 국가, 지방자치단체, 한국토지주택공사, 공공기관 또는 공공단체인 경우에는 그 기관장이 시장·군수 또는 구청장과 협의할 수 있고, 그 협의가 성립된 때에는 허가를 받은 것으로 본다.

[허가배제] - 허가 규정을 적용하지 아니한다.

1. 「공취법」 토지의 수용
2. 「공취법」 토지를 협의취득·사용, 환매
3. 「민사집행법」에 따른 경매
4. 한국자산관리공사 3회 이상 공매 후 유찰된 토지
5. 외국인등이 '군사 문화 생태 으르렁' 허가받은 경우
6. 국유재산 일반경쟁입찰로 처분
7. 공유재산 일반경쟁입찰로 처분
8. 「주택법」 사업계획승인 받아 대지 또는 주택 공급
9. 「도시 및 주거환경정비법」 관리처분계획에 따라 분양
10. 「건축물의 분양에 관한 법률」에 따라 건축물 분양
11. 「택지개발촉진법」에 따라 택지 공급
12. 「도시개발법」 토지 공급
13. 「산업입지 및 개발에 관한 법률」 토지 분양
14. 「빈집 및 소규모주택 정비에 관한 특례법」에 따른 사업시행계획에 따라 분양
15. 「농어촌정비법」 농지 교환·분할·합병
16. 「농어촌정비법」 사업시행자가 농지 매입
17. 국세 및 지방세의 체납처분 또는 강제집행
18. 조세·부담금 토지로 물납

[인 · 허가 의제]

▸ 농지에 대하여 허가를 받은 경우에는 농지취득자격증명을 받은 것으로 본다.

▸ 허가증을 발급받은 경우에는 「부동산등기특별조치법」에 따른 검인을 받은 것으로 본다.

▸ 토지거래허가를 받은 경우에도 부동산 거래신고는 해야 한다.

테마44   선 매

◆ 시장·군수 또는 구청장은 허가신청이 있는 경우 다음의 토지에 대하여 국가등이 매수를 원하면 선매자를 지정하여 그 토지를 협의 매수하게 할 수 있다.

1. 공익사업용 토지
2. 허가받은 목적대로 이용하고 있지 아니한 토지

▸ 공익사업용 토지는 허가신청 여부에 관계없이 선매대상이 될 수 있다. (   )

[선매절차]

① 시장·군수 또는 구청장은 허가신청을 받은 토지가 선매협의 절차가 진행 중인 경우에는 민원 처리 기간 내에 그 사실을 신청인에게 알려야 한다.

② 시장·군수 또는 구청장은 허가신청이 있는 날부터 1개월 이내에 선매자를 지정하여 토지 소유자에게 알려야 한다.

③ 선매자는 통지받은 날부터 15일 이내에 매수가격 등 선매조건을 기재한 서면을 토지소유자에게 통지하여 선매협의를 해야 한다.

④ 선매자는 통지받은 날부터 1개월 이내에 토지 소유자와 선매협의를 끝내야 한다.

⑤ 선매자는 통지받은 날부터 1개월 이내에 선매 협의조서를 허가관청에 제출해야 한다.

⑥ 허가관청은 선매협의가 이루어지지 아니한 경우에는 지체 없이 허가 또는 불허가의 여부를 결정하여 통보해야 한다.

⑦ 선매가격 : 선매자가 토지를 매수할 때의 가격은 감정가격을 기준으로 하되, 허가신청서에 적힌 가격이 감정가격보다 낮은 경우에는 허가신청서에 적힌 가격으로 할 수 있다.

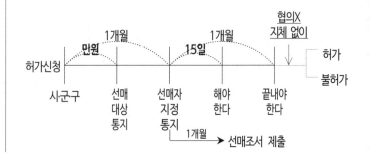

테마45 제재, 포상금

[제재처분]

① 허가를 받지 아니하고 체결한 계약은 그 효력이 발생하지 아니한다.

② 허가 또는 변경허가를 받지 아니하고 토지거래계약을 체결하거나, 부정한 방법으로 토지거래계약 허가를 받은 자는 2년 이하의 징역 또는 계약체결 당시 공시지가 기준 100분의 30 이하의 벌금에 처한다.

③ 국토교통부장관, 시·도지사, 시장·군수 또는 구청장은 다음에 해당하는 자에게 허가 취소 또는 필요한 처분을 하거나 조치를 명할 수 있다.

  1. 허가 또는 변경허가를 받지 아니하고 계약한 자
  2. 부정한 방법으로 허가받은 자
  3. 허가받은 목적대로 이용하지 아니한 자

  ▸ 허가취소 처분을 하려면 청문을 해야 한다.

  ▸ 허가 취소, 처분 또는 조치명령을 위반한 자는 1년 이하 징역 또는 1천만원 이하의 벌금에 처한다.

[포상금 지급사유]

아래에 해당하는 자를 신고 또는 고발한 자에게 시장·군수 또는 구청장은 예산의 범위에서 포상금을 지급할 수 있다.

  1. 실제 거래가격을 거짓으로 신고한 자(10% 이하 과)
  2. 신고의무자가 아닌 자로서 실제 거래가격을 거짓으로 신고한 자(10% 이하 과)
  3. 매매계약을 체결하지 아니하였음에도 불구하고 거짓으로 부동산 거래신고를 한 자(3,000만 이하 과)
  4. 해제등이 되지 아니하였음에도 불구하고 거짓으로 해제등의 신고를 한 자(3,000만 이하 과)
  5. 주택 임대차 계약의 보증금·차임 등 계약금액을 거짓으로 신고한 자(100만 이하 과)
  6. 허가, 변경허가를 받지 아니하고 계약을 한 자, 거짓 부정한 방법으로 허가받은 자(2년 징 or 30% 벌)
  7. 허가받은 목적대로 이용하지 아니한 자(이행명령)

  ▸ 부동산 거래신고를 거짓으로 하도록 요구한 자(×)
  ▸ 거짓신고를 조장하거나 방조한 자(×)

[포상금 지급금액]

  ▸ 포상금 지급비용은 시·군·구 재원으로 충당한다.

  1. 부동산 거래신고를 거짓으로 한 자(10% 이하 과)
  2. 신고의무자가 아닌 자로서 거짓된 내용의 부동산 거래신고를 한 자(10% 이하 과)
  3. 매매계약을 체결하지 아니하였음에도 불구하고 거짓으로 부동산 거래신고를 한 자(3,000만 이하 과)
  4. 해제등이 되지 아니하였음에도 불구하고 거짓으로 해제등의 신고를 한 자(3,000만 이하 과)
  5. 주택 임대차 계약의 보증금·차임 등 계약금액을 거짓으로 신고한 자(100만 이하 과)

  → 부과되는 과태료의 100분의 20에 해당하는 금액.
     1. 2.를 신고한 경우 한도액은 1천만원까지로 한다.

  6. 허가, 변경허가를 받지 아니하고 계약을 한 자, 거짓 부정한 방법으로 허가받은 자(2년 징 or 30% 벌)
  7. 허가받은 목적대로 이용하지 아니한 자(이행명령)

  → 50만원

[지급요건 및 절차]

① 다음의 요건이 만족되면 포상금을 지급

  1.2.3.4.5. 신고한 경우 : 과태료가 부과된 때
  6. 신고, 고발한 경우 : 공소제기 또는 기소유예 결정이 있는 경우
  7. 신고한 경우 : 이행명령이 있는 경우
     이행강제금이 부과된 경우(×)

  ▸ 공무원 자기 직무 관련, 위반행위를 하거나 관여한 자, 익명(가명)으로 신고한 경우 : 포상금 지급×

② 신고관청(허가관청)은 포상금 지급신청서가 접수된 날부터 2개월 이내에 포상금을 지급해야 한다.

‣ 매장을 한 자는 매장 후 30일 이내에 시장 등에게 신고

‣ 보건복지부장관은 묘지·화장시설·봉안시설 및 자연장지의 수급에 관한 종합계획을 5년마다 수립하여야 한다.

개인묘지	가족묘지	종중·문중묘지	법인묘지
30일 이내 신고	**허**가	**허**가	허가
30일 이내 신고	**미리** 신고	**미리** 신고	허가
개인자연장지	가족자연장지	종중·문중 자연장지	법인자연장지

개인묘지	가족묘지	종중·문중묘지	법인묘지
30㎡ 이하	100㎡ 이하	1,000㎡ 이하	10만㎡ 이상
	1기 면적 : 단분 10㎡ 이하, 합장 15㎡ 이하		

[사설묘지 신고, 허가, 면적]

1. 개인묘지는 설치 후 30일 이내에 시장등에게 신고

2. 가족묘지, 종중·문중묘지, 법인묘지를 설치하려는 자는 시장등의 허가를 받아야 한다.

◇ 개인묘지 : 30㎡ 이하

◇ 가족묘지(100㎡ 이하), 종중·문중묘지(1,000㎡ 이하) 법인묘지(10만㎡ 이상) → 1기 단분 10㎡(합장 15㎡)

‣ 개인묘지 : 1기의 분묘 또는 분묘에 매장된 자와 배우자 관계에 있던 자의 분묘를 동일구역 안에 설치하는 묘지

‣ 「민법」에 따라 설립된 재단법인에 한정하여 법인묘지의 설치 허가를 받을 수 있다.

[자연장지 신고, 허가, 면적]

1. 개인자연장지 조성 후 30일 이내에 시장등에게 신고

2. 가족자연장지, 종중·문중자연장지를 조성하려는 자는 시장등에게 신고

3. 법인등 자연장지를 조성하려는 자는 시장등의 허가

◇ 개인·가족 자연장지 : 100㎡ 미만
◇ 종중·문중 자연장지 : 2,000㎡ 이하

[분묘의 설치기간]

① 공설묘지, 사설묘지의 분묘 설치기간은 30년

② 연장을 신청하는 경우에는 1회에 한하여 30년으로 하여 연장하여야 한다.

③ 조례로 5년 이상 30년 미만으로 연장기간을 단축할 수 있다.

‣ 설치기간이 끝나면 1년 이내에 철거하고 화장 또는 봉안

[타인 토지에 설치한 분묘 및 자연장]

① 토지 소유자 등은 승낙 없이 설치된 분묘에 대하여 시장 등의 허가를 받아 개장할 수 있다.

② 개장하려면 3개월 이상 기간을 정하여 분묘 설치자 또는 연고자에게 통보 또는 공고해야 한다.

‣ 장사법 시행 전 취득한 분묘기지권 : 현재도 인정됨

‣ 장사법 시행 전 승낙 없이 설치한 분묘 : 분묘기지권 시효취득○

‣ 장사법 시행 후 승낙 없이 분묘 설치 또는 자연장을 한 경우 : 시효취득×

테마47 주택임대차보호법

[보호대상]

① 임차주택의 일부가 주거 외의 목적으로 사용되는 경우에도 주임법이 적용된다.

② 대항력을 취득할 수 있는 법인 : <u>한국토지주택공사</u>, 주택사업 목적으로 설립된 <u>지방공사, 중소기업</u>

▸ 중소기업이 대항력을 취득한 후 임대차가 끝나기 전에 그 <u>직원이 변경된 경우에는 새로운 직원이 주택을 인도받고 주민등록을 마친 다음 날부터 대항력이 생긴다.</u>

▸ 대항력을 취득하려면 확정일자를 요한다. (X)

③ 주민등록에 임차인의 배우자나 자녀 등 가족의 주민등록이 포함되는 법리는 재외국민이 임차인인 경우에도 마찬가지로 적용된다(판례).

④ 이 법은 일시사용하기 위한 임대차임이 명백한 경우에는 적용하지 아니한다.

⑤ 주택의 등기를 하지 아니한 전세계약에 관하여는 이 법을 준용한다.

[주민등록]

① 임차인이 전입신고를 올바르게 하였는데 공무원의 착오로 주민등록표상에 지번이 틀리게 기재된 경우 : 대항력○

② 정확한 전입신고서를 제출하였으나 공무원이 착오로 수정을 요구하여 <u>잘못된 지번으로 수정하고 동·호수 기재를 삭제한 전입신고서를 다시 제출하여 주민등록이 된 경우</u> : 대항력×

▸ 주민등록 신고의 효력 발생 시기 = 신고 <u>수리시</u>

[임차인의 강제경매 신청]

① 집행권원에 기하여 강제경매를 신청하는 경우 반대의무의 이행 또는 이행의 제공을 집행 개시 요건으로 하지 않는다.

② 임차인은 임차주택을 양수인에게 인도하지 않으면 우선변제권 행사에 따른 보증금을 받을 수 없다.

[확정일자 부여기관 및 임대차 정보제공 요청]

① 부여기관 : 읍·면사무소, 동 주민센터, 시·군·구 출장소, 지방법원 및 지원, 등기소, 공증인

▸ 확정일자 부여기관에 <u>열람 또는 서면의 교부를 요청할 수 있다.</u>

　1. 임대인과 임차인의 인적사항
　2. 임대차 목적물
　3. 확정일자 부여일
　4. 차임 · 보증금
　5. 임대차기간

② 임대인 및 임차인 : 1~5

③ 임대차계약을 체결하려는 자 – <u>임대인의 동의○</u> : 2~5

④ 임대인의 직접거주 사유로 계약의 갱신이 거절된 임차인이었던 자 : 1~5, 인적사항은 성명만

⑤ 확정일자를 부여받거나 정보를 제공받으려는 자는 수수료를 내야 하며, 그 구체적인 금액은 법무부령으로 정한다.

[임대차 중개시 설명의무(공인중개사법 신설)]

■ 개업공인중개사는 <u>주택의 임대차계약을 체결하려는 중개의뢰인에게</u> 다음의 사항을 설명하여야 한다.

① 확정일자부여기관에 정보제공을 요청할 수 있다는 사항

② 임대인이 납부하지 아니한 국세 및 지방세의 열람을 신청할 수 있다는 사항

[임대인의 정보 제시 의무(주택임대차보호법 신설)]

■ 임대차계약을 체결할 때 <u>임대인은 다음의 사항을 임차인에게 제시하여야 한다.</u>

① 주택의 확정일자 부여일, 차임 및 보증금 등 정보. 다만, 임대인이 임대차계약을 체결하기 전에 동의함으로써 이를 갈음할 수 있다.

② 「국세징수법」 및 「지방세징수법」에 따른 납세증명서. 다만, 임대인이 임대차계약을 체결하기 전에 열람에 각각 동의함으로써 이를 갈음할 수 있다.

[주택 소액임차인] → 보증금만 고려하여 판단

서울특별시	1억 6천 5백만원 이하 - 5,500만원 까지

▸ 소액임차인의 보증금 중 일정액의 범위와 기준은 <u>주택임대차위원회</u>의 심의를 거쳐 대통령령으로 정하며, 주택가액(대지가액 포함)의 2분의 1을 넘지 못한다.

▸ 소액임차인으로 보호받으려면 경매신청등기 전에 대항요건과 확정일자를 갖추어야 한다. (X)

▸ 서울에서 주택은 보증금 1억 6천 5백만원 이하이면 월차임이 얼마이든 관계없이 소액임차인에 해당한다.

(예) 서울 : 보증금 1억 6천만원, 월차임 100만원 : 소액○

▸ <u>상가</u>는 보증금+(월차임×100)으로 소액임차인 여부를 판단한다. 서울 6,500만 이하 - 2,200까지

(예) 상가[서울] : 보증금 1,500만, 월차임 50만원 : 소액○

(예) 상가[서울] : 보증금 6,500만, 월차임 50만원 : 소액×

[주택임대차위원회, 상가건물임대차위원회]

① 소액임차인의 보증금 중 일정액의 범위와 기준을 심의하기 위하여 <u>법무부</u>에 주택임대차위원회를 <u>둔다</u>.

② 다음의 사항을 심의하기 위하여 <u>법무부</u>에 상가건물임대차위원회를 둔다.

> ㉠ 상임법 전부 적용, 일부 적용을 결정하는 환산보증금액
> ㉡ 소액임차인의 범위와 기준

③ <u>주택</u> : 위원장 1명 포함 9명 이상 15명 이하의 위원으로 성별을 고려하여 구성한다.

▸ 상가 : <u>10명</u> 이상 15명 이하

▸ 위원의 임기는 2년, 한차례만 연임할 수 있다.

④ 위원장은 법무부차관이 된다.

⑤ 위원회 회의는 매년 1회 개최되는 정기회의 위원의 1/3 이상이 요구하여 개최하는 임시회의

▸ 회의는 비공개로 한다.

[임대차기간, 묵시적 갱신, 임차권등기명령]

① 임차인은 2년 미만으로 정한 기간이 유효함을 주장할 수 있다.

▸ 임대인은 2년 미만으로 정한 기간이 유효함을 주장할 수 있다. (X)

② 묵시적 갱신 : 임대인(6개월 전부터 ~ 2개월 전까지), 임차인(2개월 전까지)

▸ 법정갱신된 경우 기간은 2년으로 본다.

▸ 2기 차임 연체 인정×

▸ 임차인만 언제든 해지 통지할 수 있다. 임대인이 통지받고 3개월이 경과하면 효력이 발생한다.

③ 임차권등기명령 : 기간이 끝난 후 보증금을 반환받지 못한 임차인이 법원에 신청할 수 있다.

대	우선		대	우선
×	×	등 기	○	○
○	×		유지	○
○	○		유지	유지

▸ 대항력은 있으나 확정일자를 갖추지 못한 임차인이 임차권등기명령에 따른 임차권 등기를 한 경우 우선변제권을 취득하지 못한다. (X)

▸ 등기 이후 신규임차인은 최우선변제권 인정×

▸ 등기신청에 대한 기각결정에 항고○

▸ 등기신청비용 및 관련비용 모두 임대인에게 청구할 수 있다.

▸ 임대인의 보증금 반환의무가 등기말소 의무보다 먼저 이행되어야 한다.

테마48 상가건물임대차보호법

[환산보증금] "보증금 + 월차임 × 100"

서울특별시	9억 이하
수도권 중 과밀억제권, 인천광역시 **부산광역시**	6억 9천 이하
광역시(인천, 부산 제외), **세종시** 용인, 안산, 김포, 광주, 파주, 화성	5억 4천 이하
그 밖의 지역, 광역시 군(강화군)	3억 7천 이하

▸ **환산보증금 초과되는 경우**

① 확정일자에 의한 우선변제권 ×

② 금융기관의 우선변제권 승계 ×

③ 임차권등기명령 ×

④ 100분의 5 차임 증액청구 제한 ×

⑤ 묵시적 갱신(법정 갱신) - 민법 적용. 기간의 정함이 없는 것으로 본다. 임대인 및 임차인 모두 계약의 해지를 통고할 수 있다. 임대인이 통고한 경우에는 6개월, 임차인이 통고한 경우에는 1개월 경과하면 해지의 효력이 생긴다.

⑥ 기간의 정함이 없거나 기간을 1년 미만으로 정한 경우 1년으로 본다. (×)

⑦ 임대인 및 임차인 모두 1년 미만으로 정한 기간의 유효함을 주장할 수 있다. (○)

※ 서울, 보증금 5억, 월차임 500만원
(임대인 甲, 임차인 乙은 사업자등록을 하였음)

① 甲으로부터 X건물을 양수한 丙은 甲의 지위를 승계한 것으로 본다. ( )

② 乙은 최초의 임대차기간을 포함한 전체 임대차기간이 10년을 초과하지 않는 범위에서 甲에게 계약의 갱신을 요구할 수 있다. ( )

③ 乙의 차임 연체액이 2기의 차임액에 달하는 경우 甲은 임대차계약을 해지할 수 있다. ( )

④ 乙의 계약갱신요구권에 따라 갱신되는 임대차는 전 임대차와 동일한 조건으로 다시 계약된 것으로 본다. ( )

⑤ 乙의 갱신요구에 따라 계약이 갱신된 경우 甲은 주변 상가건물의 차임 등 경제사정의 변동을 이유로 乙에게 차임의 100분의 5를 초과하여 증액을 요청할 수 있다. ( )

⑥ 건물이 경매로 매각된 경우, 乙은 특별한 사정이 없는 한 자신의 보증금을 일반채권자보다 우선하여 변제받을 수 있다. ( )

⑦ 임대차종료 후 보증금이 반환되지 않은 경우, 乙은 건물 소재지 관할법원에 임차권등기명령을 신청할 수 있다. ( )

⑧ 甲과 乙이 계약기간을 정하지 않은 경우 그 기간은 1년으로 본다. ( )

⑨ 임대차기간을 6개월로 정한 경우, 甲은 그 기간이 유효함을 주장할 수 있다. ( )

⑩ 계약이 묵시적으로 갱신된 경우, 그 기간은 1년으로 본다. ( )

⑪ 계약이 묵시적으로 갱신된 경우 甲은 언제든지 乙에게 계약의 해지를 통고할 수 있다. ( )

[계약갱신 요구권] 주택, 상가

① 임차인은 6개월 전부터 2개월(상가 1개월) 전까지 갱신요구

② 아래 사유가 있는 경우 <u>임대인은 갱신요구를 거절할 수 있다.</u>

[주택 계약갱신요구권]

① 임차인은 계약갱신요구권을 <u>1회에 한하여</u> 행사할 수 있다. 이 경우 갱신되는 임대차의 존속기간은 2년으로 본다.

② 갱신되는 임대차는 전 임대차와 동일한 조건으로 다시 계약된 것으로 본다. 다만, 차임과 보증금은 다음의 범위에서 증감할 수 있다.

> ▸ 증액 20분의 1 초과하지 못한다.
> ▸ 지역별 임대차 시장 여건 등을 고려하여 20분의 1 범위에서 증액청구의 상한을 시·도 조례로 달리 정할 수 있다.

③ 임차인의 갱신요구권에 의하여 갱신된 경우
임차인은 언제든 임대인에게 계약의 해지를 통지할 수 있다. 임대인이 통지받고 3개월 경과하면 해지의 효력이 발생한다.

④ 임대인이 직접 거주 사유로 갱신을 거절하였음에도 불구하고 <u>임차인이 갱신을 요구했던 기간</u>이 만료되기 전에 정당한 사유 없이 제3자에게 임대한 경우 임차인이 입은 손해를 배상하여야 한다.

⑤ 손해배상액은 당사자간에 손해배상액의 예정에 관한 합의가 이루어지지 않는 한 다음의 금액 중 "큰" 금액으로 한다.
1. 갱신거절 당시 환산 월차임의 **3개월분**
2. 임대인이 제3자에게 임대하여 얻은 환산월차임과 갱신거절 당시 환산월차임간 차액의 **2년분**
3. 갱신거절로 인하여 임차인이 입은 손해액

[상가 계약갱신요구권]

① 최초 기간을 <u>포함</u>하여 전체 10년까지만 행사

② 임차인의 갱신요구에 따라 갱신된 임대차는 전 임대차와 동일한 조건으로 다시 계약된 것으로 본다.

③ 다만, 임대인은 증액을 청구할 수 있는데

> ▸ 환산보증금 이내 : 증액 100분의 5를 초과할 수 없다(○)
> ▸ 환산보증금 **초과** : 조세, 공과금, 주변 상가건물의 차임, 보증금 등을 고려하여 100분의 5를 초과하여 증액을 청구할 수 있다.

> ▸ 임차인의 갱신요구권에 의하여 갱신된 후 임차인은 언제든지 임대인에게 계약의 해지를 통지할 수 있다. (X)

④ 전차인은 임차인의 계약갱신요구권 행사기간 내에서 <u>임차인</u>을 <u>대위</u>하여 갱신요구를 할 수 있다.

※ 임차인이 임대인에게 계약의 해지를 통지할 수 있는 권한

	주택	상가
계약갱신요구권에 의하여 갱신된 경우	○	×
묵시적 갱신된 경우	○	○

[권리금 회수기회 보호]

① 임대차기간이 끝나기 <u>6개월 전부터 종료시까지</u> 임대인은 다음의 행위를 함으로써 권리금 계약을 방해해서는 안 된다.

> ※ 임차인이 주선한 신규임차인...
> ㉠ 권리금 요구, 수수
> ㉡ 임차인에게 권리금을 지급하지 못하게 하는 행위
> ㉢ 현저히 고액의 차임과 보증금을 요구
> ㉣ 정당한 사유 없이 임대차계약 체결을 거절

② 임대인이 권리금 지급을 방해하여 임차인이 손해배상을 청구하는 경우

> ▸ 신규임차인이 임차인에게 지급하기로 한 권리금과 임대차 종료 당시의 권리금 중 낮은 금액을 넘지 못한다.
> ▸ 손해배상 청구 : 임대차 종료한 날부터 <u>3년</u> 이내 행사

[권리금 회수제한]

① <u>계약갱신요구의 거절사유</u>가 있는 경우에는 임대인은 임차인이 신규임차인이 되려는 자로부터 권리금을 지급받지 못하게 할 수 있다.

> ▸ 3기 연체, 동의 없이 전부 또는 일부 전대 등

② 임차인이 주선한 신규임차인과 임대차계약의 체결을 거절할 수 있는 사유

> ㉠ 보증금 또는 차임을 지급할 자력이 없는 경우
> ㉡ 의무를 위반할 우려가 있는 경우
> ㉢ <u>1년 6개월 이상</u> 영리목적으로 사용하지 아니한 경우
> ㉣ <u>임대인이 선택한 신규임차인</u>이 임차인과 권리금 계약을 체결하고 그 권리금을 지급한 경우

[권리금 회수기회 보호규정이 적용되지 않는 경우]

① 대규모점포 또는 준대규모점포의 일부인 경우
> ▸ 전통시장은 권리금 보호규정을 적용한다.

② 국유재산 또는 공유재산인 경우

[판례] 임대차계약 종료에 따른 임차인의 임차목적물 반환의무와 임대인의 권리금 회수 방해로 인한 손해배상의무는 동시이행관계에 있다고 볼 수 없다.

[판례] 임차인이 임대인에게 권리금 회수 방해로 인한 손해배상을 구하기 위해서 임차인이 신규임차인이 되려는 자를 주선하였어야 한다(원칙).

[판례] 권리금 회수 방해로 인한 손해배상책임이 성립하기 위하여 임차인과 신규임차인 사이에 반드시 권리금계약이 미리 체결되어 있어야 하는 것은 아니다.

▸ 신규임차인을 주선한 정도까지면 된다.

[판례] '1년 6개월 이상 영리목적으로 사용하지 아니한 경우'는 임대인이 임대차 종료 후 상가건물을 1년 6개월 이상 영리목적으로 사용하지 아니하는 경우를 의미한다. (2021. 11. 25).

[판례] 최초의 임대차기간을 포함한 전체 임대차기간이 10년을 초과하여 임차인이 계약갱신요구권을 행사할 수 없는 경우에도 임대인은 권리금 회수기회 보호의무를 부담한다(2019. 7. 25).

[판례] 환산보증금을 초과하는 임대차에서 '기간을 정하지 않은 경우'는 민법의 적용을 받는다. 이에 따라 임대인은 언제든지 해지를 통고할 수 있으므로 임대차기간이 정해져 있음을 전제로 기간 만료 6개월 전부터 1개월 전까지 사이에 행사하도록 규정된 임차인의 계약갱신요구권은 발생할 여지가 없다(2021. 12. 30).

[판례] 임차인이 임대차기간 중 3기 차임액에 이르도록 차임을 연체한 사실이 있는 경우, 계약갱신을 요구할 당시 차임연체액이 3기 차임액에 이르지 않게 되었더라도 임대인은 임차인의 계약갱신 요구를 거절할 수 있으며 권리금 회수기회 보호의무도 부담하지 않는다(2021. 5. 27).

[판례] 임차인이 임대차 종료 후 동시이행항변권을 근거로 임차목적물을 계속 점유하고 있는 경우, 보증금반환채권에 대한 소멸시효가 진행하지 않는다(2020. 7. 9).

[표준계약서]

① 국토교통부장관은 법무부장관과 협의를 거쳐 표준권리금계약서를 정하여 그 사용을 권장할 수 있다.

② 국토교통부장관은 권리금에 대한 감정평가의 절차와 방법 등에 관한 기준을 고시할 수 있다.

③ 법무부장관은 국토교통부장관과 협의를 거쳐 상가건물임대차표준계약서를 정하여 그 사용을 권장할 수 있다.

[주택임대차 표준계약서]

▸ 당사간의의 별도의 합의가 없는 한 주택임대차계약을 서면으로 체결할 때에는 법무부장관이 국토교통부장관과 협의하여 정하는 주택임대차 표준계약서를 우선적으로 사용한다.

[주택임대차 / 상가임대차 분쟁조정위원회]

① 대한법률구조공단의 지부, 한국토지주택공사의 지사 또는 사무소 및 한국부동산원의 지사 또는 사무소에 분쟁조정위원회를 둔다.

시·도는 조정위원회를 둘 수 있다.

> ※ 심의 · 조정 사항
> 1. 차임 또는 보증금의 증감
> 2. 임대차 기간
> 3. 보증금 또는 임차주택, 상가건물의 반환
> 4. 임차주택의 유지·수선
> 5. 공인중개사 보수 등 비용부담
> 6. 권리금 분쟁(상가건물 임대차보호법)

② 조정위원회는 위원장 1명을 포함하여 5명 이상 30명 이하의 위원으로 구성한다.

③ 조정위원 임기는 3년으로 하되 연임할 수 있다.

④ 조정위원회는 조정신청 받은 날부터 60일 이내에 조정을 마쳐야 한다. 다만, 조정위원회의 의결을 거쳐 30일의 범위에서 기간을 연장할 수 있다.

⑤ 조정안을 통지받은 당사자가 통지받은 날부터 14일 이내에 수락의 의사를 서면으로 표시하지 아니한 경우에는 조정을 거부한 것으로 본다.

⑥ 각 당사자가 조정안을 수락한 경우에는 조정안과 동일한 내용의 합의가 성립된 것으로 본다.

테마49 경매절차 및 권리분석

(1) 경매신청 및 경매개시결정등기

① 압류 효력발생시기 : 압류는 채무자에게 경매개시결정이 송달된 때 또는 경매개시결정등기가 된 때에 효력이 생긴다.

② 강제경매신청을 기각하거나 각하하는 재판에 대하여는 즉시항고를 할 수 있다.

③ 경매개시결정을 한 부동산에 대하여 다른 강제경매의 신청이 있는 때에는 법원은 다시 경매개시결정을 하고, 먼저 경매개시결정을 한 집행절차에 따라 경매한다.

④ 경매신청이 취하되면 압류의 효력은 소멸된다.

> ‣ 매수신고가 있은 뒤에도 최고가매수신고인과 차순위매수신고인의 동의를 받아 취하하면 압류의 효력은 소멸된다.
>
> ‣ 매수신고가 있은 후에는 경매신청을 취하할 수 없다(X)

(2) 배당요구의 종기 결정·공고

① 배당요구 종기는 첫 매각기일 이전으로 정한다.

> ‣ 매각결정기일까지 배당요구를 할 수 있다. (X)

② 배당요구에 따라 매수인이 인수해야 할 부담이 바뀌는 경우 배당요구한 채권자는 배당요구의 종기가 지난 후에는 이를 철회할 수 없다.

(3) 매각기일

① 부동산의 매각은 집행법원이 정하는 매각방법에 따른다. 호가경매, 기일입찰 또는 기간입찰의 세 가지 방법으로 한다.

② 집행관은 법원의 허가를 얻어 법원 외의 장소에서 매각기일을 진행할 수 있다.

③ 매수신청인은 매수신청의 보증을 집행관에게 제공해야 한다.

> ‣ 매수신청보증 : **최저매각가격**의 10분의 1
> ‣ 매수신청가격의 10분의 1(X)
> ‣ 매수가격의 10분의 1(×)

④ 허가할 매수가격의 신고가 없이 매각기일이 최종적으로 마감된 때(=유찰)에는 법원은 최저매각가격을 상당히 낮추고 **새 매각기일을** 정해야 한다. ‣ 재매각(×)

⑤ **최고가매수신고인 / 차순위매수신고인**

> ‣ 최저매각가격 1억
> ‣ 최고가매수신고 1억 5천만원

1. 매수신청보증 : 1천만원( ) 1,500만원( )

2. 최고가매수신고인이 2명 이상 - 그들만 다시 입찰 다시 입찰하는 경우 전의 입찰가격에 못미치는 가격으로 입찰할 수 없다.

3. 다시 입찰하는 경우에 입찰자 모두가 입찰에 응하지 않거나 둘 이상이 다시 최고의 가격으로 입찰한 때에는 추첨으로 정한다.

4. 차순위매수신고를 하려면 그 신고액이 1억 4천만원을 넘어야 한다. ( )

5. 차순위매수신고는 최고가매수신고액에서 그 보증액을 뺀 금액을 넘는 때에만 할 수 있다.

6. 차순위매수신고를 한 자가 둘 이상이고 매수가격이 같은 때에는 추첨으로 정한다. ( ) ‣ 그들만 다시 입찰( )

⑥ **공유자 우선매수신고**

> ‣ 공유 부동산(甲 1/2, 乙 1/2) : 乙 지분이 경매되어 丙이 최고가매수신고를 하였다.

1. 甲은 매각기일까지 보증을 제공하고 丙과 같은 가격으로 乙의 지분을 우선 매수하겠다는 신고를 할 수 있다. (O)
   ‣ 매각결정기일까지(×)

2. 甲의 우선매수신고가 있는 경우, 법원은 丙이 있더라도 甲에게 매각을 허가해야 한다. (O)

3. 甲의 우선매수신고는 집행관이 매각기일을 종결한다는 고지를 하기 전까지 할 수 있다. (O)
   ‣ 매각결정기일까지(×)

4. 甲의 우선매수신고가 있는 경우에는 丙을 차순위매수신고인으로 본다. (O)

5. 丙은 매각기일 종결 전까지 차순위매수신고인의 지위를 포기할 수 있다. (O)

⑦ 최고가, 차순위를 제외한 다른 매수신고인은 매각기일이 종결된 때 즉시 매수신청의 보증을 돌려줄 것을 신청할 수 있다.

(4) 매각결정기일

① 매각결정기일은 **매각기일부터 1주 내로** 정해야 한다.

> ‣ 매수인이 대금을 납부하지 않아 <u>차순위매수신고인에</u> <u>대한 매각허가결정이 있는 때에는</u> 매수인은 매수 신청보증을 돌려줄 것을 요구하지 못한다.

② 매각을 허가하지 아니하고 다시 매각을 명하는 때에는 직권으로 **새 매각**기일을 정하여야 한다.

③ 경매 : 토지거래허가( )　　　농지취득자격증명( )
　　　　부동산거래신고( )　　　검인신청( )

> ‣ 최고가매수신고인이 된 후 **매각결정기일까지** 농지 취득자격증명을 제출해야 매각이 허가된다.
>
> ‣ 매수신고를 하는 때에 농지취득자격증명을 제출해야 한다. ( )

④ 항고보증금 공탁

> ‣ 매각허가결정에 대하여 항고를 하려는 자는 보증 으로 **매각대금의 10분의 1**에 해당하는 금전 또는 유가증권을 공탁해야 한다.
>
> ‣ 최저매각가격의 10분의 1(X)

(5) 매각의 확정, 대금납부

① 매각허가결정이 확정되면 법원은 <u>대금지급기한</u>을 정하고, 이를 매수인과 차순위매수신고인에게 통지해야 한다.

② 매수인은 <u>대금지급기한까지</u> 매각대금을 지급해야 한다.

> ‣ 매수인은 법원이 정한 대금지급기일에 매각대금을 지급해야 한다. ( )

③ 매수인은 <u>매각대금을 다 낼 때</u> 매각의 목적인 권리를 취득한다.

④ 매수인이 대금을 납부하면 차순위매수신고인은 매수의 책임을 벗게 되고 즉시 매수신청보증을 돌려줄 것을 요구할 수 있다.

> ‣ 차순위매수신고인은 <u>매각기일이 종결되면</u> 즉시 매수 신청보증을 돌려줄 것을 신청할 수 있다. ( )

⑤ 매수인이 대금지급기한까지 그 의무를 완전히 이행하지 아니하였고, 차순위매수신고인이 없는 때에는 **재매각**을 실시한다.

> ‣ 재매각을 하는 경우 종전의 최저매각가격과 그 밖의 매각조건을 적용한다.
>
> ‣ 재매각에서 종전 매수인은 매수신청을 할 수 없고, 매수신청보증을 돌려줄 것을 요구하지 못한다.

(6) 인도명령

매수인이 <u>대금을 낸 뒤 6개월 이내에</u> 신청

(7) 권리분석

> ‣ 항상 소멸 : 저당권, 근저당권, 압류, 가압류, 담보가등기

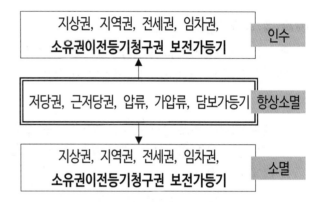

① 저당권·압류채권·가압류채권에 대항할 수 없는 지상권 · 지역권 · 전세권 · 임차권은 매각으로 소멸된다.

② 저당권·압류채권·가압류채권에 대항할 수 있는 지상권 · 지역권 · 전세권 · 임차권은 매수인이 인수한다. <u>최선순위 전세권은 배당요구를 하면</u> <u>매각으로 소멸된다.</u>

> ‣ 담보목적이 아닌 최선순위 소유권 보전가등기는 매각으로 소멸하지 않는다. ( )

③ 매수인은 유치권자에게 그 유치권으로 담보하는 채권을 변제할 <u>책임이 있다.</u>

④ 압류의 효력이 발생한 이후에 점유를 취득한 유치권은 매수인에게 대항할 수 없다.

테마50 경매 매수신청대리

[매수신청대리 등록]
중개사무소(법인의 경우 주된 중개사무소)를 관할하는 **지방법원장**에게 등록해야 한다.

▸ 공인중개사는 중개사무소 개설등록을 하지 않고 매수신청대리인으로 등록을 신청할 수 있다. (　)

▸ 소속공인중개사는 매수신청대리인으로 등록을 신청할 수 있다. (　)

▸ 모든 개업공인중개사는 매수신청대리인으로 등록할 수 있다. (　)

▸ 지방법원에 등록하지 않아도 경매 부동산에 대한 권리분석 및 취득의 알선을 할 수 있다. (　)

[보증 & 공제사업]
① 매수신청대리인이 되고자 하는 개업공인중개사는 보증보험 또는 공제에 가입하거나 공탁을 해야 한다.

▸ 매수신청대리인으로 등록한 개업공인중개사는 업무개시 전에 보증보험 또는 공제에 가입하거나 공탁을 해야 한다. (　)

▸ 보증은 중개사무소 개설등록기준이다. (　)

▸ 보증은 매수신청대리 등록기준이다. (　)

② 중개사무소 개설등록과 매수신청대리 등록을 위한 보증설정금액은 동일하다.

▸ 공인중개사 2억원 이상

▸ 법인 4억원 이상, 분사무소마다 2억원 이상 추가

③ 협회는 매수신청대리 공제사업을 하려면 공제규정을 정하여 법원행정처장의 승인을 얻어야 한다.

[실무교육]
① 등록신청일 전 1년 이내에 **법원행정처장**이 지정하는 교육기관에서 경매 실무교육을 받아야 한다.

▸ 지방법원장이 지정하는 교육기관에서...(X)

▸ 법인의 경우 **대표자**만 경매 실무교육을 받아야 한다.

② 실무교육에는 평가가 포함되어야 한다.

[휴업 및 폐업]
① 매수신청대리인은
3개월을 초과하는 매수신청대리업의 휴업,
폐업,
휴업한 매수신청대리업의 재개
휴업기간을 변경하고자 하는 때에는
감독법원에 그 사실을 미리 신고해야 한다.

② 휴업은 6개월을 초과할 수 없다.

▸ 대리업의 휴업기간은 3개월을 초과할 수 없다. (　)

[매수신청대리 결격사유] 중개업의 결격사유와 다르다
① 중개업의 폐업 또는 매수신청대리업의 폐업을 제외한 사유로 매수신청대리 등록이 취소된 자는 등록취소 후 3년 이내에 대리인으로 등록할 수 없다.

▸ 폐업을 이유로 대리등록이 취소되고 3년이 지나지 않은 자는 매수신청대리인으로 등록할 수 없다. (　)

② 매수신청대리 업무정지처분을 받고 폐업신고를 한 자로서 업무정지기간이 경과되지 않은 자

③ 법인의 매수신청대리 업무정지 사유가 발생한 당시의 사원 또는 임원이었던 자

[매수신청대리권의 범위, 매수신청대리 대상물]
매수신청대리의 위임을 받아 아래의 행위를 할 수 있다.
① 입찰표의 작성 및 제출
② 매수신청 보증의 제공
③ 차순위매수신고
④ 매수신청의 보증을 돌려줄 것을 신청하는 행위
⑤ 공유자의 우선매수신고
⑥ 구 임대주택법 임차인의 임대주택 우선매수신고
⑦ 우선매수신고에 따라 차순위매수신고인으로 보게 되는 경우 그 차순위 지위를 포기하는 행위

▸ 허가결정에 대한 즉시항고(　)

▸ 인도명령신청(　)

▸ 명도소송(　)

▸ 개업공인중개사는 입목, 광업재단 및 공장재단에 관하여 매수신청대리를 할 수 있다. (　)

[대리행위의 절차]

① 사건을 **위임받은 때**에는 사건카드를 작성하여, <u>서명날인</u> 한 후 <u>5년</u>간 보존해야 한다.

② 개공은 **매수신청대리를 위임받은 경우** 위임인에게 성실·정확하게 설명하고 등기사항증명서 등 설명의 근거자료를 제시해야 한다.

▸확인·설명사항
  1. 권리관계   2. 경제적 가치
  3. 매수인이 부담해야 할 사항

③ 개공은 <u>위임계약을 체결한 경우</u> 확인·설명 사항을 서면으로 작성하여 <u>서명날인한 후</u> 위임인에게 교부하고, 그 사본을 사건카드에 철하여 <u>5년</u>간 보존해야 한다.

④ 대리행위를 하는 경우 <u>본인의 인감증명서가 첨부된 위임장과 대리인등록증 사본을 제출</u>해야 한다.

▸법인의 경우 대리권을 증명하는 문서 외에 <u>대표자의 자격을 증명하는 문서</u>를 제출해야 한다.
▸같은 날 같은 장소에서 대리행위를 동시에 하는 경우에는 하나의 서면으로 갈음할 수 있다.
▸개업공인중개사는 매각장소 또는 집행법원에 직접 출석해야 한다.
▸소속공인중개사, 중개보조원의 대리 출석( )

[매수신청대리 보수]

① 개업공인중개사는 보수에 대하여 <u>위임계약 전에</u> 설명해야 한다.   ▸위임계약 체결한 때(×)

② 보수를 받은 경우 <u>예규의 양식</u>에 의한 영수증을 작성하여 <u>서명날인</u> 후 위임인에게 교부해야 한다.

▸사건카드, 매수신청대리 확인·설명서, 보수 영수증에는 **중개행위를 위해 등록관청에 등록한 인장**을 사용하여 서명날인해야 한다. ( )

③ 보수의 지급시기는 매수신청인과 매수신청대리인의 약정에 따르며, 약정이 없을 때에는 <u>매각대금의 지급기한일</u>로 한다.

▸보수의 지급시기는 약정에 따라 매각결정기일로 할 수 있다. ( )

[금지행위]

① <u>매수신청대리인이 된 사건에 대하여 개업공인중개사가 매수신청을 하는 행위</u>

② <u>동일 부동산에 대하여 이해관계가 다른 2인 이상의 대리인이 되는 행위</u>

[신고의무]

※ 개업공인중개사는 다음의 어느 하나에 해당하는 경우에는 <u>10일 이내</u>에 지방법원장에게 그 사실을 <u>신고</u>해야 한다.

① 중개사무소 이전, 분사무소 설치, 중개업의 휴업·폐업
② 자격취소·자격정지, 중개업 등록취소·업무정지

[지도·감독] ㅎㅎ 지지개 위탁은 지지지

① 법원행정처장은 매수신청대리에 관하여 **협회**를 감독한다.

② <u>지방법원장</u>은 매수신청대리에 관하여 관할구역 내의 협회의 시·도 <u>지부</u>와 <u>개업공인중개사</u>를 감독한다.

③ <u>지방법원장</u>은 감독의 사무를 <u>지원장</u>과 협회의 시·도 <u>지부</u>에 **위탁**할 수 있다.

▸<u>협회의 시·도 지부</u>는 감독의 사무를 <u>위탁받아</u> 중개사무소 출입·조사 또는 검사를 할 수 있다.

[행정처분]

① <u>지방법원장</u>은 다음의 경우에는 매수신청대리 <u>등록을 취소</u>해야 한다.

  1. 중개사무소 개설등록의 결격사유에 해당하는 경우
  2. 중개사무소 폐업신고를 한 경우, 매수신청대리업 폐업신고를 한 경우
  3. 공인중개사 자격이 취소된 경우
  4. 중개사무소 개설등록이 취소된 경우
  5. 등록당시 대리 등록요건을 갖추지 않았던 경우
  6. 등록당시 대리 결격사유가 있었던 경우

② 대리등록 후 등록요건을 갖추지 못하게 되거나, 등록 후 결격사유에 해당한 경우는 대리등록을 취소할 수 있는 사유이다.

③ 최근 1년 이내에 이 규칙에 따라 2회 이상 업무
정지처분을 받고 다시 업무정지처분에 해당하는
행위를 한 경우 : 등록을 취소할 수 있다.

> ▸ 대리인으로 등록 후 등록요건을 갖추지 못하게 된 경우
> 지방법원장은 대리 등록을 취소해야 한다. ( )
>
> ▸ 최근 1년 이내에 이 규칙에 따라 2회 이상 업무정지
> 처분을 받고 다시 업무정지처분에 해당하는 행위를 한
> 경우 지방법원장은 대리 등록을 취소해야 한다. ( )

④ 절대적 등록취소 & 절대적 업무정지

절대적 등록취소	절대적 업무정지
・중개사무소의 **폐업**신고	・중개사무소의 **휴업**신고
・매수신청대리업의 **폐업**신고	・매수신청대리업의 **휴업**신고
・공인중개사 자격**취소**	・공인중개사법 자격**정지**
・중개사무소 개설 등록**취소**	・공인중개사법 업무**정지**

③ 매수신청대리 등록이 취소된 자는 등록증을
관할 지방법원장에게 반납해야 한다.

④ 매수신청대리 업무정지기간은 <u>1개월 이상 2년
이내</u>로 한다.

[명칭표시 등]

① 개업공인중개사는 그 사무소의 명칭이나 간판에
법원행정처장이 인정하는 특별한 경우를 제외
하고는 "법원"의 명칭이나 휘장 등을 표시하여
서는 아니된다.

> ▸ 법원행정처장이 인정하는 특별한 경우에는 법원의
> 명칭이나 휘장을 표시할 수 있다.

② 매수신청대리인 <u>등록이 취소</u>된 때에는 사무실
내·외부에 대리와 관련된 표시를 제거하고,

<u>업무정지</u>를 받은 경우 그 사실을 중개사무소의
출입문에 표시해야 한다.

테마51 부동산 전자계약

1. 부동산 거래신고 등에 관한 법령

① 부동산거래 전자계약시스템을 통하여 부동산 거래계약
을 체결한 경우에는 부동산 거래계약이 체결된 때에
부동산거래계약 신고서를 제출한 것으로 본다.

② 부동산거래계약시스템을 통하여 부동산 거래계약 해제등을
한 경우에는 부동산 거래계약 해제등이 이루어진 때에
부동산거래계약 해제등 신고서를 제출한 것으로 본다.

2. 부동산 거래신고 등에 관한 법령(전자문서)

(1) 다음의 신고서 또는 신청서는 신고관청(허가관청)에
전자문서를 접수하는 방법으로 제출할 수 있다.

> ① 부동산거래계약 신고서, 법인 신고서, 자금조달 및
> 입주계획서
> ② 부동산거래계약 해제 등 신고서
> ③ 정정신청을 하는 경우 부동산거래계약 신고필증
> ④ 부동산거래계약 변경신고서
> ⑤ 외국인 등의 부동산등 취득·계속보유신고서, 외국인
> 토지취득 허가신청서
> ⑥ 토지거래계약 허가신청서, 변경허가신청서
> ⑦ 토지거래허가 또는 불허가처분에 대한 이의신청서
> ⑧ 토지거래 불허가처분에 대한 토지매수청구서
> ⑨ 취득토지의 이용목적 변경승인신청서

(2) 전자문서로 제출하는 경우에는 「전자서명법」에 따른
인증서를 통한 본인확인의 방법으로 서명 또는 날인
할 수 있다.

3. 부동산 거래신고 등에 관한 법령(전자문서)

① <u>국토교통부장관</u>은 부동산거래의 계약·신고·허가·관리
등의 업무와 관련된 정보체계를 구축·운영할 수 있다.

② <u>국토교통부장관</u>은 부동산 가격정보를 활용하여 부동산거래
가격 검증체계를 구축·운영하여야 한다.

4. 공인중개사법

① 확인·설명사항이 「전자문서 및 전자거래 기본법」에 따른 공인전자문서센터에 보관된 경우에는 확인·설명서를 서면으로 작성하여 교부하고 보존할 의무가 없다.

② 거래계약서가 공인전자문서센터에 보관된 경우에는 거래계약서를 서면으로 작성하여 교부하고 보존할 의무가 없다.

5. 주택임대차계약증서상의 확정일자 부여 및 임대차 정보 제공에 관한 규칙

① 정보처리시스템을 이용하여 주택임대차계약을 체결한 경우 해당 주택의 임차인은 정보처리시스템을 통하여 전자계약증서에 확정일자 부여를 신청할 수 있다.

② 전자계약증서의 확정일자 부여 신청은 확정일자부여기관 중 읍·면사무소, 동 주민센터 또는 시·군·구의 출장소에 대하여 한다.

 ‣ 지방법원(×) 지원(×) 등기소(×) 공증인(×)

③ 주민센터등은 전산장애 등 특별한 사정이 없는 한 전자확정일자 부여의 신청이 접수된 <u>당일</u>에 확정일자를 부여하여야 한다. 다만, 평일 16시 이후 또는 토요일이나 공휴일에 신청이 접수된 경우에는 다음 근무일에 부여할 수 있다.

④ <u>수수료 면제</u> : 정보처리시스템을 이용하여 주택임대차계약을 체결하고 전자계약증서에 확정일자 부여를 신청한 사람

테마52 부동산 실명법

1. 중간생략등기형(3자간 등기명의신탁)

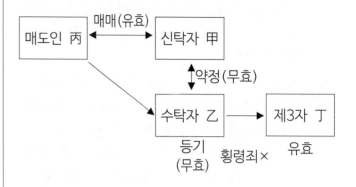

① 甲과 乙간의 약정은 무효

② 乙 명의의 등기 무효, 소유권은 丙에게 있다.

③ 丁은 선의·악의 불문하고 유효하게 소유권 취득

④ 乙의 처분행위는 횡령죄×

⑤ 甲과 丙간의 매매계약은 유효하므로 甲은 丙에 대하여 소유권이전등기 청구권을 갖는다.

⑥ 甲은 丙을 대위하여 乙 명의의 등기말소를 청구할 수 있다.

2. 계약명의신탁

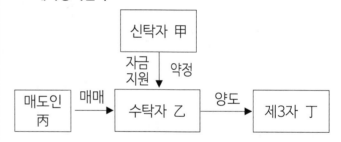

(1) 매도인 丙이 선의인 경우

① 甲과 乙간의 약정은 무효

② 乙 명의의 등기 유효, 소유권은 乙에게 있다.

③ 丁은 선의·악의 불문하고 유효하게 소유권 취득

④ 乙의 처분행위는 횡령죄×

⑤ 甲은 乙을 상대로 매수자금 부당이득 반환청구

(2) 매도인 丙이 악의인 경우

① 甲과 乙간의 약정은 무효

② 乙 명의의 등기 무효

③ 소유권은 丙에게 있다.

④ 丁은 선의·악의 불문하고 유효하게 소유권 취득

3. 명의신탁에 대한 벌칙 등

① 명의신탁자 : 5년 이하 징역 또는 2억 이하 벌금

② 명의수탁자 : 3년 이하 징역 또는 1억 이하 벌금

③ 과징금 : 명의신탁자에게 해당 부동산 가액의 100분의 30에 해당하는 금액의 범위에서 과징금을 부과한다.

④ 이행강제금 : 과징금 부과일부터 1년이 지나도록 실명등기를 하지 않은 자에 대하여는 100분의 10에 해당하는 이행강제금으로 부과하고, 또 다시 1년이 지나도록 실명등기를 하지 않은 자에 대하여는 100분의 20에 해당하는 이행강제금을 부과한다.

◦희망을 가지세요. 잘 될 겁니다.
합격을 기원합니다!

- 정지웅 드림 -

테마 1

[용어의 정의]

① × ×

[중개대상권리 및 행위 ○×]

▸ 점유권(×)

▸ 지상권 · 지역권 · 전세권(○)

▸ 저당권(○)

▸ 질권(×)

▸ 유치권의 성립(×)　　▸ 유치권의 양도(○)

▸ 법정지상권의 성립(×)　▸ 법정지상권의 양도(○)

▸ 법정저당권의 성립(×)

▸ 등기된 환매권(○)

▸ 담보가등기(○)

▸ 분묘기지권(×)

▸ 광업권(×)

▸ 교환계약의 성립을 알선하는 행위는 중개에 해당한다(○)

▸ 부동산 환매계약을 알선하는 행위는 중개에 해당한다(○)

▸ 주택의 분양을 대행하는 행위는 중개행위이다(×)

② ○　　③ ×× 　④ × 　⑤ ○○× 　⑥ ×××

테마 2

① ○ 　② ○ 　③ × 　④ × 　⑤ ○

[중개대상물 ○×]

1. 지붕, 기둥 및 주벽을 갖춘 미등기 건물(○)

2. 지붕 및 기둥을 갖추고 주벽이 없는 세차장 구조물(×)

3. 가압류된 건물(○)

4. 경매개시결정등기가 된 토지(○)

5. 유치권이 행사 중인 건물(○)

6. 법정지상권이 성립된 토지(○)

7. 법정저당권이 성립된 건물(○)

8. 군사시설보호구역 내의 토지(○)

9. 개발제한구역 내의 토지(○)

10. 명인방법 갖추지 않은 수목의 집단(×)

11. 명인방법 갖춘 수목의 집단(○)

12. 토지로부터 분리된 수목(×)

13. 영업용 건물의 영업시설, 비품(×)

14. 거래처, 신용, 영업상의 노하우(×)

15. 소유권보존등기가 된 수목의 집단(○)

16. 공장 및 광업재단 저당법에 따른 광업재단, 공장재단(○)

17. 금전채권(×)

18. 공용폐지가 되지 않은 행정재산인 토지(×)

19. 사권이 소멸된 포락지(×)

20. 무주의 토지(×)

21. 채굴되지 않은 광물(×)

테마 3

① ○ ② × ③ × ④ ○

[무등록중개업]

① × ② ○ ③ ○ ④ ×

테마 4

[설치 및 심의사항]

② ×

[구성]

② × 연임 규정 없음

[제척 · 회피 · 해촉]

② ×

[회의소집 · 의결]

① ×

② 7

테마 5

[응시자격]

① × ×

② × ○

③ ○

[자격증 대여 관련 판례]

① × ○

테마 6

② ×

④ 2

⑦ 28 32 / 3 4 / 12 16

⑨ 10

■ 교육의 실시권자 및 위탁권자

○ ×

테마 7

[등록신청자 및 등록관청]

① ×

② × ○ ○ ×

[법인의 등록기준]

① ×

② ×

③ ×

④ ○ ○

⑤ × × × ×

테마 8

[등록신청시 제출서류]

▶ × ×

▶ ×

▸ ×

▸ ○

▸ ○

▸ ○

[등록절차]

① ×

② ×

③ ○ ×

⑤ ○ ×

테마 9

① ○ ○ ×

② ×

③④ ○ ○

⑤ ○ × ×

⑥ × ×

⑦⑧ ×

⑨ ○ ○

[등록취소가 되더라도 결격사유에 해당하지 않는 경우]

▸ × ▸ ×

⑩⑪ ×

⑫ ○

테마 10

[이중사무소 설치금지]

×

[간판철거의무]

② ×

[중개사무소 명칭 및 성명표기의무]

× ×

테마 11

(1)

① × × ×

② × ×

(2)

① × ×

※ 첨부서류

▹ × × ×

▸ ×

(3)

① ▸ × ▸ ×

③ ▸ ×

[중개사무소 공동사용]

③ ▸ ○

테마 12

▸ ○

▸ ○

▸ ○

▸ ×

▸ ×

[경매 및 공매 업무]

① ×

② ▸ ○ ▸ ×

테마 13
(1) ▸× ▸○ ▸×
(2)
① ×
② ○
③ ▸○ ▸○
(3)
② ▸×

※
① ○
② ○
③ ○
④ ○
⑤ ×
⑥ ×

테마 14
[인장등록의무자 및 시기]
▸○, ○

[인장의 종류]
② ▸×
③ ▸×

테마 15
① ▸×
② ▸×
③ ▸×
⑥

※ 전자문서
　1. 휴업신고(×)　폐업신고(×)
　　휴업기간 변경신고(○)　중개업의 재개신고(○)

테마16
(1)
② ×
③ ▸× ▸○ ▸× ▸×

(2)
① ▸×
⑥ ▸× ▸○
⑧ ▸×

테마 18
① ▸× ▸×
② ▸×
④ ▸× ▸○ ▸○

테마 19
[서명 및 날인 / 서명 또는 날인]
② ▸×

테마 21
① ▸× ▸○

테마 22
① ×

테마 23
[손해배상책임]
② ×
[중개행위]
▸×
① ○
② ○
③ ○
④ ×
[보증의 설정]
① ▸○ × ×
② ▸×
③ ▸×
[보증설정금액]
10
[손해배상책임의 범위]
① ×
② 15

테마24

② ▶ ×

④ ※ ×

1. ×   2. ×   3. ○

[판례] ○   [판례] ×   [판례] ×

⑥

▶○   ▶○   ▶○   ▶○   ▶×

▶○   ▶×

테마 26

[중개보수 지급시기]

① × ○

[주택 외의 중개보수]

×

[중개보수의 산정]

⑥ × ○

*중개보수 계산문제

1. 80만원

2. 168만원

3. ▶거래금액 : 3,400만원

  ▶주택 : 3,400만원 X 0.5% = 17만원

  ▶오피스텔(85㎡) : 3,400만원 X 0.4% = 136,000원

  ▶오피스텔(90㎡) : 3,400만원 X 0.9% = 306,000원

4. ▶거래금액 : 8,000만원

  ▶주택 : 8,000만원 X 0.4% = 32만원, 한도액 때문에 30만원

  ▶오피스텔(70㎡) : 8,000만원 X 0.4% = 32만원

  ▶오피스텔(86㎡) : 8,000만원 X 0.9% = 72만원

5. 50만원

[문제]

① ○

② ×

③ ○

④ ○

⑤ ×

테마 27

③ 500, 2, 30

④ ▶○

[지정절차]

② ▶ ×

③ ▶ ×

테마 28

[설립절차]

100, 20

[협회의 성격, 구성, 업무]

③ ▶ ×

④ ▶ ×

[공제사업]

③ ▶ ×

⑤ 3

[공제사업 운영위원회]

② 19

④ 3

⑥ ▶ ×

⑧ ▶ ×

테마 29

① ▶×   ▶×

④ ▶×   ▶×   ▶×

⑤ ▶×   ▶×   ▶○   ▶○   ▶○

⑦ ▶×

⑧ ▶×

⑨ ▶×

테마 30

[자격취소]

▶○

[자격정지]

> ▸ 전속중개계약서 사용× 보존× : 업무정지(○) 자격정지(×)
> ▸ 확인·설명서 및 거래계약서 교부× 보존×
>   : 업무정지(○) 자격정지(×)
> ▸ 확인·설명서 및 거래계약서 서명 및 날인×
>   : 업무정지(○) 자격정지(○)

[절등취(절), 임등취(임)]

> ① 절 ② 임 ③ 절 ④ 절 ⑤ 임 ⑥ 임 ⑦ 절 ⑧ 임
> ⑨ 임 ⑩ 절 ⑪ 임 ⑫ 절 ⑬ 임 ⑭ 절 ⑮ 절 ⑯ 임
> ⑰ 절 ⑱ 절 ⑲ 절 ⑳ 임 ㉑ 임

[절대적 등록취소]

1. ○
2. ○
3. ○
4. ×
5. ○

[절대적 등록취소]

1. ×
2. ×

[임의적 등록취소]

1. ×
2. ×
3. ○
4. ○

[업무정지]

> ① 6 ② 6 ③ 6 ④ 6 ⑤ 3
> ⑥ 3 ⑦ 3 ⑧ 3 ⑨ 3 ⑩ 3

[순수한 업무정지 사유]

> ▸ ×
> ▸ ×

테마 31

[자격취소(정지) 처분권자]

② ▸ × ▸ × ▸ ○ ▸ ×

[자격취소 – 청문, 보고, 반납, 사유서]

② ▸ × ▸ ○ ▸ ○
③ ▸ × ▸ ×

[자격정지]

▸ ×

[업무정지]

▸ ○ ▸ ○ ▸ × ▸ ×

[폐업 전에 받은 업무정지 및 과태료]

▸ ○ ▸ ×

[폐업 전에 위반했던 등록취소 및 업무정지사유]

▸ × ▸ × ▸ ○ ▸ ○

테마 32

> ① 1-1 ② 3-3 ③ 3-3 ④ 1-1 ⑤ 3-3 ⑥ 1-1 ⑦ 1-1
> ⑧ 1-1 ⑨ 1-1 ⑩ 1-1 ⑪ 1-1 ⑫ 3-3 ⑬ 1-1 ⑭ 1-1
> ⑮ 3-3 ⑯ 1-1 ⑰ 1-1 ⑱ 1-1 ⑲ 1-1 ⑳ 1-1 ㉑ 3-3
> ㉒ 3-3 ㉓ 3-3 ㉔ 3-3 ㉕ 3-3 ㉖ 3-3 ㉗ 3-3

테마 34

(1) 부동산등

▸ 입목·광업재단·공장재단(×)
▸ 공인중개사법령상 중개대상물...(×)

▸ 건축법에 따른 부동산의 공급계약(×)
▸ 건축법에 따라 공급된 건축물의 매매계약(○)
▸ 택지개발촉진법에 따라 공급된 토지의 임대차계약(×)
▸ 민사집행법에 따른 경매로 취득한 토지의 매매계약(○)

▸ 교환(×)
▸ 증여(×)
▸ 임대차 : 부동산 거래신고(×)
▸ 경매(×)

(2) 신고관청 및 신고기한

‣ ○

‣ B

‣ ×

(3) 신고의무자

① ‣ × ‣ ○

② ‣ × ‣ × ※○ ※○

테마 35

(1) 거래당사자간 직거래

① ‣ × ‣ ×

② ‣ ○

(2) 중개거래인 경우

① ‣ × ‣ × ‣ ○

④ ‣ ○

(4) 신고내용 조사결과 보고

② ‣ ×

테마 37

[부동산거래계약 해제등신고 의무]

② ‣ ×

테마 38

(1) 신고 대상

보증금	월차임	신고여부
6천만원	30만원	×
5천만원	40만원	○
7천만원	20만원	○

테마 39

[외국인 등 – 개인, 법인, 단체]

‣ ×

[신고]

① ‣ ×

[토지취득허가]

■

1. × 2. × 3. ×

테마 41

[지정권자 및 지정대상지역]

① ‣ ×

[지정 = 해제 = 축소]

‣ × ‣ × ‣ ○

[공고 및 통지]

③ ‣ ○

테마 42

[허가절차]

②

‣ 매매, 교환계약(○)	‣ 저당권(×)
‣ 유상 지상권 설정·이전계약(○)	‣ 증여(×)
‣ 소유권·지상권 보전가등기(○)	‣ 경매(×)

‣ (×) ‣ (×)

[허가 기준 면적]

② 10, 300

[허가 기준 : 실수요성]

‣ ○ ‣ ×

③

‣ ○

‣ ×

‣ ○

[토지이용의무]

①

1. 2	2. 2	3. 2
4. 2	5. 4	6. 5

[이행명령 및 이행강제금]
① 3 ▸ ×
②

> ▸ 방치 : 100분의 10 ▸ 임대 : 100분의 7
> ▸ 변경 : 100분의 5 ▸ 기타 : 100분의 7

테마 44
 ▸ ×

테마 48
※ 서울, 보증금 5억, 월차임 500만원
① ○ ② ○ ③ × ④ ○ ⑤ ○
⑥ × ⑦ × ⑧ × ⑨ ○ ⑩ × ⑪ ○

테마 49
(3) 매각기일
⑤ 최고가매수신고인 / 차순위매수신고인
1. 매수신청보증 : 1천만원(○) 1,500만원(×)
4. ○
6. ○ ▸ ×

(4) 매각결정기일
 ③ 경매 : 토지거래허가(X)   농지취득자격증명(O)
            부동산거래신고(X)   검인신청(X)
 ▸ ×

(5) 매각의 확정, 대금납부
② ▸ ×
④ ▸ ×

(7) 권리분석
② ▸ ○

테마 50
[매수신청대리 등록]
 ▸ × ▸ × ▸ × ▸ ○

[보증 & 공제사업]
 ▸ × ▸ × ▸ ○

[휴업 및 폐업]
② ▸ ×

[매수신청대리 결격사유]
① ▸ ×

[매수신청대리권의 범위, 매수신청대리 대상물]
⑦
 ▸ × ▸ × ▸ ×
 ▸ ○

[대리행위의 절차]
④
 ▸ ×

[매수신청대리 보수]
②
 ▸ ○
③
 ▸ ○

[행정처분]
③
 ▸ × ▸ ×

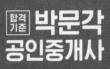

중개사법 100선

1. 공인중개사법령상 용어의 정의로 옳은 것은?

① 중개업은 중개대상물에 대하여 거래당사자 간의 매매·교환·임대차 그 밖의 권리의 득실변경에 관한 행위를 알선하는 것을 말한다.

② 개업공인중개사라 함은 공인중개사로서 중개사무소 개설등록을 한 자를 말한다.

③ 중개보조원이라 함은 개업공인중개사에 소속되어 현장안내 및 일반서무 등 중개업무와 관련된 단순한 업무를 보조하는 공인중개사를 말한다.

④ 법인인 개업공인중개사의 공인중개사가 아닌 임원으로서 중개업무를 수행하는 자는 소속공인중개사이다.

⑤ 공인중개사인 개업공인중개사에 소속되어 그의 중개업무를 보조하는 공인중개사는 소속공인중개사에 해당한다.

2. 공인중개사법령상 중개 및 중개업에 관한 설명으로 옳은 것은?(다툼이 있으면 판례에 의함)

① 공인중개사가 아니어서 애초에 중개사무소 개설등록을 할 수 없는 자는 중개사무소 개설등록을 하지 아니하고 부동산중개업을 한 경우에도 형사처벌 대상이 아니다.

② 부동산 유치권의 양도를 알선하는 행위는 중개에 해당하지 않는다.

③ 개업공인중개사에게 미등기 부동산의 전매에 대한 중개를 의뢰한 거래당사자는 개업공인중개사와 함께 공인중개사법에 따라 공동정범으로 처벌대상이 된다.

④ 중개업무는 거래 당사자 일방의 의뢰를 받아 이루어지는 경우도 포함한다.

⑤ 개업공인중개사가 중개의뢰인과 직접 거래를 하는 행위를 금지하는 규정은 효력규정이다.

---

① '중개업'이 아니라 '중개'의 용어의 정의이다.

② 이 법에 의한 중개사무소 개설등록을 한 자를 말한다.

③ 공인중개사가 아닌 자로서 현장안내 및 일반서무 등 중개업무와 관련된 단순한 업무를 보조하는 자를 말한다.

④ 사원 또는 임원으로서 공인중개사인 자는 소속공인중개사이고, 공인중개사가 아닌 임원 또는 사원은 소속공인중개사가 아니다.

1. ⑤

---

① 공인중개사가 등록을 하지 않은 채 중개업을 하는 경우뿐만 아니라 공인중개사가 아니어서 애초에 등록을 할 수 없는 사람이 중개업을 하는 경우에도 형사처벌의 대상이 된다(2017도18292).

③ 거래당사자가 무등록중개업자에게 중개를 의뢰한 행위 및 개업공인중개사에게 미등기 부동산의 전매에 대하여 중개를 의뢰한 행위를 공인중개사법 위반으로 처벌할 수 없으며, 공동정범 행위로 처벌할 수도 없다(2013도3246).

⑤ 중개의뢰인과 직접거래를 금지하는 규정은 효력규정이 아니라 단속규정이다(2016다259677).

2. ④

3. 공인중개사법령상 중개대상물에 관한 설명으로 틀린 것은? (다툼이 있으면 판례에 의함)

① 장래에 건축될 건물은 중개대상물에 해당한다.

② 중개대상물 중 '건축물'은 민법상 부동산에 해당하는 건축물에 한정된다.

③ 분양예정자로 선정될 수 있는 지위를 가리키는 아파트입주권은 중개대상물인 건물에 해당하지 않는다.

④ 택지개발지구 내에 이주자택지를 공급받을 지위인 대토권은 중개대상물에 해당한다.

⑤ 특정 동·호수에 대하여 분양계약이 체결되지 않았으나 아파트 전체의 건축이 완료되어 분양목적물로서의 현실적 제공이 가능한 상태인 경우는 중개대상물인 건물에 해당한다.

4. 공인중개사법령상 중개업에 관한 설명으로 옳은 것은 몇 개인가?(다툼이 있으면 판례에 의함)

ㄱ. 공인중개사 자격이 없는 자가 우연한 기회에 단 1회 거래를 중개한 경우, 거래당사자와 체결한 과다하지 않은 중개보수 지급약정은 유효하다.

ㄴ. 무자격자가 부동산거래를 중개한 후 보수를 받기로 약속하거나 요구한 행위는 공인중개사법에 따라 처벌된다.

ㄷ. 무자격자에게 중개를 의뢰한 거래당사자는 공인중개사법 위반으로 처벌되지 않는다.

ㄹ. 우연한 기회에 타인 간의 건물매매계약을 중개하고 보수를 받은 것은 중개업에 해당한다.

ㅁ. 중개사무소 개설등록을 하지 않은 자가 다른 사람의 의뢰에 의하여 보수를 받고 중개를 업으로 하는 것은 중개업에 해당하지 않는다.

① 1개   ② 2개   ③ 3개   ④ 4개   ⑤ 5개

④ 대토권은 택지개발지구 내에 이주자택지를 공급받을 지위에 불과하고 특정한 토지에 해당하지 않는다 (2011다23682).

⑤ 특정 동·호수에 대하여 피분양자가 선정되거나 분양계약이 체결되지는 않았으나 아파트 전체의 건축이 완료됨으로써 분양 대상이 될 세대들이 객관적으로 존재하여 분양 목적물로의 현실적인 제공이 가능한 상태에 이르렀다면, 이에 대한 거래를 중개하는 것은 건축물의 중개에 해당한다(2010다16519).

3. ④

ㄱ. 중개사무소 개설등록을 하지 않은 자가 중개업을 하면서 거래당사자와 체결한 중개보수 지급약정은 **무효**이다(2008다75119). 공인중개사 자격이 없는 자가 우연한 기회에 단 1회 타인 간의 거래행위를 중개한 경우 등과 같이 '중개를 업으로 한' 것이 아니라면 그에 따른 중개보수 지급약정이 무효라고 할 것은 아니다(2010다86525). 다만, 과다한 경우 감액을 청구할 수 있다.

ㄴ. 공인중개사법은 보수의 약속·요구행위를 별도로 처벌하는 규정 또는 무등록중개행위 위반죄의 미수범을 처벌하는 규정도 존재하지 않으므로, 중개사무소 개설등록을 하지 아니하고 부동산 거래를 중개하면서 그에 대한 보수를 약속·요구하는 행위를 공인중개사법 위반죄로 처벌할 수는 없다(2006도4842).

ㄹ. 우연한 기회에 단 1회 건물 전세계약의 중개를 하고 보수를 받은 사실만으로는 알선·중개를 업으로 한 것이라고 볼 수 없다.

4. ② 옳은 것 ㄱ, ㄷ

5. 공인중개사법령상 중개대상물(계약)이 <u>아닌</u> 것은 모두 몇 개인가?

> ㄱ. 영업용 건물의 영업시설, 비품
>
> ㄴ. 가압류된 건물
>
> ㄷ. 지붕, 기둥 및 주벽을 갖춘 무허가건물
>
> ㄹ. 소유권보존등기를 한 수목의 집단
>
> ㅁ. 지붕 및 기둥을 갖추었으나 주벽이 없는 세차장구조물
>
> ㅂ. 법정저당권이 성립된 건물
>
> ㅅ. 부동산의 환매계약
>
> ㅇ. 1필지 토지 일부에 대한 지역권설정계약
>
> ㅈ. 거래처, 신용, 영업상 노하우

① 3개　② 4개　③ 5개　④ 6개　⑤ 7개

6. 공인중개사법령상 공인중개사자격증 및 중개사무소등록증 교부에 관한 설명으로 <u>틀린</u> 것을 모두 고른 것은?

> ㄱ. 자격증 및 등록증의 교부는 국토교통부령으로 정하는 바에 따른다.
>
> ㄴ. 등록관청은 등록증을 교부하기 전에 개설등록을 한 자가 손해배상책임을 보장하는 조치를 하였는지 여부를 확인해야 한다.
>
> ㄷ. 등록증을 잃어버리거나 못쓰게 된 경우에는 시·도지사에게 재교부를 신청한다.
>
> ㄹ. 시·도지사는 자격증을 교부한 사실을 공인중개사협회에 통보해야 한다.
>
> ㅁ. 자격증의 분실 등의 사유로 재교부를 받고자 하는 자는 재교부 신청서를 자격증을 교부한 시·도지사에게 제출해야 한다.

① ㄱ, ㄷ　　② ㄷ, ㅁ　　③ ㄷ, ㄹ
④ ㄱ, ㄹ　　⑤ ㄴ, ㄹ

ㄱ, ㅈ. 영업용 건물의 영업시설·비품 등 유형물이나 거래처, 신용, 영업상의 노하우 또는 점포위치에 따른 영업상의 이점 등 무형의 재산적 가치는 중개대상물 (×)

ㅁ. 중개대상물인 건축물은 민법상의 부동산인 건축물에 한정된다. 법률상 독립된 부동산으로서의 건물이라고 하려면 최소한의 기둥과 지붕 그리고 주벽이 이루어져야 할 것이다. 지붕 및 기둥을 갖추었으나 주벽이 없는 세차장 구조물은 중개대상물(×)

5. ①

ㄱ. 시·도지사는 합격자에게 국토교통부령으로 정하는 바에 따라 공인중개사자격증을 교부해야 한다.
　등록관청은 중개사무소의 개설등록을 한 자에 대하여 국토교통부령으로 정하는 바에 따라 중개사무소등록증을 교부해야 한다.

ㄴ. 등록관청은 등록을 한 자가 보증을 설정했는지 여부를 확인한 후 등록증을 지체 없이 교부해야 한다.

ㄷ. 자격증 재교부는 교부한 시·도지사에게, 등록증 재교부는 등록관청에 신청한다.

ㄹ. 등록관청은 등록증 교부한 사실을 다음달 10일까지 협회에 통보해야 한다.
　법령에 자격증 교부에 관하여는 통보규정이 없다.

6. ③

7. 공인중개사법령상 공인중개사 정책심의위원회에 관한 설명으로 옳은 것은?

① 심의위원회는 위원장 1명을 제외하고 7명 이상 11명 이내의 위원으로 구성한다.

② 심의위원회 위원은 위원장이 임명하거나 위촉한다.

③ 위원장이 부득이한 사유로 직무를 수행할 수 없을 때에는 부위원장이 그 직무를 대행한다.

④ 국토교통부장관은 제척 사유에 해당함에도 불구하고 심의·의결에서 회피하지 않는 위원을 해촉(解囑)할 수 있다.

⑤ 위원장은 긴급하거나 부득이한 사유가 없는 한 회의 개최 10일 전까지 일시, 장소 및 안건을 각 위원에게 통보해야 한다.

8. 공인중개사법령상 공인중개사 제도에 관한 설명으로 옳은 것은 몇 개인가?

ㄱ. 국토교통부에 공인중개사 정책심의위원회를 두어야 한다.

ㄴ. 공인중개사협회는 공인중개사 시험의 시행에 관한 업무를 위탁받아 업무를 수행할 수 있다.

ㄷ. 국토교통부장관은 시험의 합격자에게 국토교통부령으로 정하는 바에 따라 공인중개사 자격증을 교부해야 한다.

ㄹ. 금고 이상의 형의 집행유예를 선고받고 유예기간이 만료된 날부터 2년이 지나지 아니한 자는 공인중개사가 될 수 없다.

ㅁ. 심의위원회 위원장은 위원 중에서 호선 (互選)한다.

① 1개　② 2개　③ 3개　④ 4개　⑤ 5개

9. 공인중개사법령상 정책심의위원회에 관한 설명으로 옳은 것은 모두 몇 개인가?

ㄱ. 부동산중개업의 육성에 관한 사항은 심의사항에 포함된다.

ㄴ. 심의위원회 위원에 대한 기피신청이 있는 경우 심의위원회는 의결로 이를 결정한다.

ㄷ. 시·도지사가 직접 시험문제를 출제하거나 시험을 시행하려는 경우에는 심의위원회의 의결을 미리 거쳐야 한다.

ㄹ. 심의위원회에서 중개보수 변경에 관한 사항을 심의한 경우 시·도지사는 이에 따라야 한다.

ㅁ. 부득이한 사정이 있는 경우에는 심의위원회 의결을 거쳐 해당 연도의 시험을 시행하지 아니할 수 있다.

① 1개 ② 2개 ③ 3개 ④ 4개 ⑤ 5개

ㄱ. 심의사항
▸ 공인중개사의 시험 등 자격취득에 관한 사항
▸ 부동산 중개업의 육성에 관한 사항
▸ 손해배상책임의 보장 등에 관한 사항
▸ 중개보수 변경에 관한 사항
ㄷ. 시·도지사 → 국토교통부장관
▸ 심의위원회 의결사항 : 국토부장관이 시험을 시행하려는 경우, 해당 연도 시험을 시행하지 아니하려는 경우, 심의위원회 위원에 대한 기피신청이 있는 경우
ㄹ. 공인중개사의 시험 등 공인중개사의 자격취득에 관한 사항을 심의한 경우 시·도지사는 이에 따라야 한다.

9. ③ 옳은 것 : ㄱ, ㄴ, ㅁ

10. 공인중개사법령상 교육에 관한 설명으로 옳은 것은?

① 소속공인중개사는 고용신고일 전 1년 이내에 직무교육을 받아야 한다.

② 중개보조원은 부동산거래사고 예방교육의 대상에 포함되지 않는다.

③ 등록관청은 부동산거래사고 예방을 위한 교육을 실시할 수 없다.

④ 시·도지사는 개업공인중개사가 연수교육을 받는 경우에는 그에 필요한 비용을 지원할 수 있다

⑤ 국토교통부장관은 시·도지사가 실시하는 실무교육의 균형유지를 위하여 해당 교육의 지침을 마련하여 시행할 수 있다.

① 실무교육을 받아야 한다.
② 개업공인중개사 등에 대하여 거래사고 예방교육을 실시할 수 있으므로 중개보조원도 포함된다.
③④ 국토교통부장관, 시·도지사 및 등록관청은 개업공인중개사등이 부동산거래사고 예방 등을 위하여 교육을 받는 경우에는 대통령령으로 정하는 바에 따라 필요한 비용을 지원할 수 있다.
예방교육에 대하여만 교육비를 지원할 수 있다.
⑤ 국토교통부장관은 시·도지사가 실시하는 실무교육, 직무교육 및 연수교육의 전국적인 균형유지를 위하여 필요하다고 인정하면 해당 교육의 지침을 마련하여 시행할 수 있다.

*실무교육(28~32), 직무교육(3~4), 연수교육(12~16)

10. ⑤

11. 공인중개사법령상 교육에 관한 설명으로 옳은 것은 몇 개인가?

> ㄱ. 국토교통부장관, 시·도지사 및 등록관청은 부동산거래사고 예방을 위한 교육을 실시하려는 경우에는 교육일 2개월 전까지 일시·장소 및 내용 등을 공고하거나 대상자에게 통지해야 한다.
>
> ㄴ. 연수교육을 받는 것은 중개사무소 개설등록기준에 해당한다.
>
> ㄷ. 개업공인중개사로서 폐업신고를 하고 2년이 지난 후 소속공인중개사로 고용신고를 하려는 자는 연수교육을 받아야 한다.
>
> ㄹ. 분사무소의 책임자는 설치신고일 전 1년 이내에 시·도지사가 실시하는 실무교육을 받아야 한다.

① 없음　② 1개　③ 2개　④ 3개　⑤ 4개

12. 공인중개사법령상 중개사무소 개설등록기준에 관한 설명으로 옳은 것은?

① 자본금 5천만원 이상인 「협동조합 기본법」에 따른 사회적협동조합은 중개사무소 개설등록을 할 수 있다.

② 중개업 및 토지의 분양대행을 영위할 목적으로 설립된 법인은 중개사무소 개설등록을 할 수 없다.

③ 다른 법률의 규정에 따라 중개업을 할 수 있는 법인은 공인중개사법령으로 정한 개설등록기준을 갖추어야 한다.

④ 건축법상 사용승인을 받았으나 건축물대장에 기재되지 않은 건물에 중개사무소 개설등록을 할 수 없다.

⑤ 대표자를 제외한 임원 또는 사원이 7명인 경우 그중 2명 이상이 공인중개사이어야 중개사무소 개설등록을 할 수 있다.

ㄱ. <u>연수교육을 실시하는 경우</u> 2년이 되기 2개월 전까지 통지해야 하고, <u>예방교육은</u> 교육일 10일 전까지 일시·장소 및 내용 등을 공고하거나 교육대상자에게 통지해야 한다.
ㄴ. 실무교육을 받는 것이 등록기준이다.
ㄷ. 폐업신고일부터 1년이 지난 후 다시 개설등록을 신청하거나 소공이 되려는 경우에는 실무교육을 받아야 한다.
ㄹ. 중개사무소 개설등록을 신청하려는 자(법인 사원·임원 전원)는 등록신청일 전 1년 이내에, 분사무소 책임자는 설치신고일 전 1년 이내에 시·도지사가 실시하는 실무교육을 받아야 한다. 소공은 고용신고일 전 1년 이내에 실무교육을 받아야 한다.

11. ② 옳은 것 ㄹ

① 자본금 5천만원 이상인 상법상 회사 또는 협동조합 기본법에 따른 협동조합이어야 하며, 사회적협동조합은 개설등록을 할 수 없다.
③ 다른 법률의 규정에 따라 중개업을 할 수 있는 법인은 등록기준을 적용하지 않는다.
④ 사용승인을 받은 경우 건축물대장에 기재되기 전의 건물이라도 등록할 수 있다.
⑤ 대표자를 제외한 사원 또는 임원이 7명이면 3명 이상이 공인중개사이어야 등록할 수 있다.

12. ②

13. 공인중개사법령상 중개사무소 개설등록에 관한 설명으로 옳은 것은 몇 개인가?

ㄱ. 등록관청은 개설등록 신청을 받은 날부터 7일 이내에 등록신청인에게 중개사무소등록증을 교부해야 한다.

ㄴ. 공인중개사(소속공인중개사를 제외한다) 또는 법인이 아닌 자는 중개사무소의 개설등록을 신청할 수 없다.

ㄷ. 등록관청은 중개사무소등록증을 교부한 사실을 공인중개사협회에 통보해야 한다.

ㄹ. 중개사무소 개설등록을 신청하려는 법인은 부동산중개사무소 개설등록신청서에 법인등기사항증명서를 첨부해야 한다.

ㅁ. 등록관청은 이중으로 중개사무소 개설등록을 한 개업공인중개사에게 6개월의 업무정지를 명할 수 있다.

① 1개 ② 2개 ③ 3개 ④ 4개 ⑤ 5개

---

14. 공인중개사법령상 중개사무소의 개설등록을 할 수 있는 자는 모두 몇 명인가?

ㄱ. 19세에 달하지 아니한 자

ㄴ. 자격정지처분을 받고 6개월이 지난 자

ㄷ. 피특정후견인

ㄹ. 「도로교통법」을 위반하여 500만원의 벌금형을 선고받고 2년이 된 자

ㅁ. 「형법」상 사기죄로 징역형의 실형을 선고받고 그 집행이 면제된 날부터 3년이 지나지 아니한 자

① 1명 ② 2명 ③ 3명 ④ 4명 ⑤ 5명

ㄱ. 등록신청을 받은 등록관청은 개업공인중개사의 종별에 따라 구분하여 개설등록을 하고, 개설등록 신청을 받은 날부터 7일 이내에 등록신청인에게 <u>서면으로 통지</u>해야 한다.

　등록관청은 등록을 한 자가 보증을 설정하였는지 여부를 확인한 후 중개사무소 등록증을 지체 없이 교부해야 한다.

ㄴ. 공인중개사(소공 제외) 또는 법인만 등록을 신청할 수 있다. 소속공인중개사는 개설등록을 신청할 수 없다.

ㄹ. 법인등기사항증명서, 건축물 대장 : 공무원 확인사항

ㅁ. 이중등록은 절대적 등록취소 사유이다. 등록을 취소해야 한다(O), 업무정지(×)

　　　　　　　　　　　13. ② 옳은 것 : ㄴ, ㄷ

ㄴ. 자격정지기간은 최대 6개월이므로 결격이 아니다.

ㄷ. 피한정후견인, 피성년후견인이 결격사유이다.

ㄹ. 공인중개사법이 아닌 타법을 위반하여 벌금형을 선고받은 경우는 결격이 아니다.

ㅁ. 금고형 또는 징역형의 실형선고를 받고 집행이 종료되거나 집행이 면제된 날부터 3년이 지나지 않은 자는 결격사유이다.

　　　　　　　　　14. ③ 결격이 아닌 자 : ㄴ, ㄷ, ㄹ

15. 공인중개사법령상 중개사무소의 개설등록을 할 수 **없는** 자는 모두 몇인가?

> ㄱ. 징역형의 선고유예를 받고 1년이 지난 자
>
> ㄴ. 공인중개사법을 위반하여 400만원의 과태료 처분을 받고 3년이 지나지 아니한 자가 임원으로 있는 법인
>
> ㄷ. 부정한 방법으로 중개사무소 개설등록을 한 것을 이유로 중개사무소 개설등록이 취소되고 3년이 지나지 아니한 자
>
> ㄹ. 중개사무소 개설등록의 기준에 미달하여 개설등록이 취소되고 2년이 지난 자
>
> ㅁ. 업무정지처분을 받은 법인인 개업공인중개사의 업무정지 사유 발생 후 처분받기 전에 임원으로 선임되었던 자로서 해당 법인의 업무정지 기간이 지나지 아니한 자

① 1명 ② 2명 ③ 3명 ④ 4명 ⑤ 5명

16. 2023년 10월 15일 현재 공인중개사법령상 중개사무소 개설등록의 결격사유에 해당하는 자는? (주어진 조건만 고려하고 초일은 기간에 산입한다)

① 1년간 폐업 후 재등록한 개업공인중개사가 폐업 전에 중개사무소등록증을 대여했던 이유로 2021년 10월 1일 중개사무소 개설등록이 취소된 자

② 업무정지기간 중에 중개업무를 하여 2020년 10월 1일 개설등록이 취소된 자

③ 법인인 개업공인중개사의 해산을 이유로 2023년 10월 1일 중개사무소 개설등록이 취소된 법인의 대표자이었던 자

④ 2020년 10월 1일 징역 1년을 선고받고 그 형의 집행이 2년간 유예된 자

⑤ 2023년 4월 1일 6개월의 업무정지처분을 받고 동년 5월 1일 폐업신고를 한 자

ㄱ. 선고유예를 받은 자는 결격이 아니다.
ㄴ. 과태료를 부과 받은 경우는 결격사유가 아니다.
ㄷ. 원칙적 등록취소의 경우 3년이 경과해야 결격에서 벗어나므로 결격이다.
ㄹ. 등록기준 미달로 인한 등록취소의 경우 결격이 아니다.
ㅁ. 업무정지 사유 발생 당시 임원이었던 자는 결격, 사유 발생 후에 선임된 임원은 결격×

15. ① 등록할 수 없는 자(결격인 자) : ㄷ

① 재등록한 개공이 폐업 전의 사유로 등록취소된 경우에는 3년에서 폐업기간(1년)을 공제한 기간인 2년이 경과해야 결격에서 벗어난다. 즉 2023년 10월 1일에 결격에서 벗어난다.
② 등록취소 후 3년 경과했으므로 결격 아님
③ 해산을 이유로 등록취소된 경우는 결격×
④ 집행유예기간(2년) + 2년이 지난 날 결격에서 벗어나므로 2024년 10월 1일에 결격이 아니다.
⑤ 업무정지처분을 받은 날부터 6개월 경과하면 결격×

16. ④

17. 공인중개사법령상 중개사무소에 관한 설명으로 옳은 것은 몇 개인가?

ㄱ. 법인인 개업공인중개사의 분사무소에는 중개사무소등록증 원본을 보기 쉬운 곳에 게시해야 한다.

ㄴ. 개업공인중개사는 중개사무소 안에 소속 공인중개사의 공인중개사자격증 사본을 게시해야 한다.

ㄷ. 등록관청은 중개사무소 안의 보기 쉬운 곳에 「부가가치세법 시행령」에 따른 사업자등록증을 게시하지 아니한 개업공인중개사에 대하여 100만원 이하의 과태료를 부과한다.

ㄹ. 개업공인중개사가 업무정지처분을 받은 때에는 지체 없이 중개사무소의 간판을 철거해야 한다.

ㅁ. 폐업사실을 신고하고도 간판을 철거하지 아니한 자에 대하여는 100만원 이하의 과태료를 부과한다.

ㅂ. 개업공인중개사가 옥외광고물에 인식할 수 있는 크기의 연락처를 표기하지 않으면 100만원 이하의 과태료를 부과한다.

① 없음　② 1개　③ 2개　④ 3개　⑤ 4개

18. 공인중개사법령상 중개대상물 표시·광고에 관한 설명으로 옳은 것은 몇 개인가?

ㄱ. 개업공인중개사가 중개대상물의 표시·광고를 함에 있어서 중개보조원에 관한 사항을 명시하는 경우 1년 이하의 징역 또는 1천만원 이하의 벌금에 처한다.

ㄴ. 개업공인중개사가 인터넷을 이용하여 표시·광고를 함에 있어서 거래 형태를 명시하지 아니한 경우 등록관청은 100만원 이하의 과태료를 부과한다.

ㄷ. 존재하지 않아서 실제로 거래할 수 없는 중개대상물에 대한 표시·광고를 한 개업공인중개사에 대하여는 국토교통부장관이 500만원 이하의 과태료를 부과한다.

ㄹ. 등록관청은 개업공인중개사의 인터넷 표시·광고가 부당한 표시·광고 금지규정을 준수하는지 여부를 모니터링 할 수 있다.

① 없음　② 1개　③ 2개　④ 3개　⑤ 4개

18-1. 공인중개사법령상 개업공인중개사가 인터넷을 이용하여 건축물의 표시·광고를 하는 때에 명시해야 할 것은 모두 몇 개인가?

> ㄱ. 중개사무소의 등록번호
>
> ㄴ. 벽면·바닥면 및 도배의 상태
>
> ㄷ. 중개대상물의 가격
>
> ㄹ. 총 층수
>
> ㅁ. 「건축법」에 따른 사용승인을 받은 날
>
> ㅂ. 주차대수 및 관리비

① 2개   ② 3개   ③ 4개   ④ 5개   ⑤ 6개

18-2. 공인중개사법령상 과태료를 부과할 수 있는 사유는 모두 몇 개인가?

> ㄱ. 개업공인중개사가 아닌 자로서 중개업을 하기 위해 중개대상물에 대한 표시·광고를 한 자
>
> ㄴ. 중개대상물의 가격을 사실과 다르게 거짓으로 표시·광고를 한 자
>
> ㄷ. 정당한 사유 없이 개업공인중개사의 중개대상물에 대한 정당한 표시·광고 행위를 방해하는 행위를 한 자
>
> ㄹ. 중개대상물이 존재하지만 실제로 중개의 대상이 될 수 없는 중개대상물에 대한 표시·광고를 한 자
>
> ㅁ. 개업공인중개사가 중개대상물의 표시·광고를 함에 있어서 소속공인중개사에 관한 사항을 함께 명시한 경우

① 1개   ② 2개   ③ 3개   ④ 4개   ⑤ 5개

※ 개업공인중개사가 인터넷을 이용하여 표시·광고를 하는 때에는 <u>중개사무소 및 개업공인중개사에 관한 사항(사무소 명칭, 소재지, 연락처, 등록번호, 개공 성명)</u> 외에 <u>중개대상물의 종류별로 대통령령으로 정하는 소재지, 면적, 가격 등의 사항을 명시</u>하여야 한다.

▸등록관청 - 100만원 이하의 과태료

> 1. 중개대상물 종류, 소재지, 면적, 가격
> 2. 거래 형태
> 3. 건축물 및 그 밖의 토지의 정착물인 경우 다음의 사항
>   1) **총** 층수
>   2) 사용승인·**사용**검사·준공검사 등을 받은 날
>   3) 건축물의 **방향**, 방의 **개수**, 욕실의 **개수**, **입주가능일**, **주차대수** 및 **관리비**

18-1. ④ 아닌 것 : ㄴ

> ㄱ. 1-1
>
> ㄴ, ㄹ. 500만원 이하 과태료(부당한 표시·광고 : 존존존 빠다과자)
>
> ㄷ. 3-3(정당한 표시·광고 **방해**하는 행위, 현저하게 높게 표시·광고를 **강요**하는 행위, 대가 약속하고 현저하게 높게 표시·광고를 **유도**하는 행위)
>
> ㅁ. 위반 아님. 중개보조원을 명시한 경우가 100과

18-2. ②

18-3. 공인중개사법령상 인터넷 표시·광고 모니터링에 관한 설명으로 틀린 것은?

① 국토교통부장관은 모니터링 업무를 「공공기관의 운영에 관한 법률」에 따른 공공기관에 위탁할 수 있다.

② 국토교통부장관은 정당한 사유 없이 모니터링 관련 자료의 제출 요구에 대해 자료를 제출하지 아니한 정보통신서비스 제공자에 대하여 500만원 이하의 과태료를 부과한다.

③ 기본 모니터링 업무는 모니터링 기본계획서에 따라 분기별로 실시하는 모니터링을 말한다.

④ 모니터링 기관은 수시 모니터링 업무에 관한 결과보고서를 해당 모니터링 업무를 완료한 날부터 15일 이내 국토교통부장관에게 제출해야 한다.

⑤ 조사 · 조치의 요구를 받은 시·도지사 및 등록관청은 조사 · 조치를 완료한 날부터 10일 이내에 그 결과를 모니터링 기관에 통보해야 한다.

19. 공인중개사법령상 중개사무소의 설치 등에 관한 설명으로 틀린 것은?

① 법인인 개업공인중개사는 그 사무소의 명칭에 '공인중개사사무소' 또는 '부동산중개'라는 문자를 사용해야 한다.

② 부칙 제6조 제2항에 규정된 개업공인중개사가 중개사무소의 명칭에 '공인중개사사무소'라는 문자를 사용한 경우 1년 이하의 징역 또는 1천만원 이하의 벌금에 처한다.

③ 개업공인중개사가 옥외광고물에 자신의 성명을 거짓으로 표기한 경우 등록관청은 그 간판의 철거를 명할 수 있다.

④ 개업공인중개사는 중개사무소 이전사실을 신고한 때에는 지체 없이 중개사무소의 간판을 철거해야 한다.

⑤ 개업공인중개사가 중개대상물의 표시·광고에 중개사무소의 소재지를 명시하지 않으면 100만원 이하의 과태료를 부과한다.

※ **기본 모니터링 업무**

1. 모니터링 기본계획서에 따라 분기별로 실시하는 모니터링

2. 모니터링 기관은 다음 연도의 모니터링 기본계획서를 매년 12월 31일까지 제출할 것

3. 모니터링 기관은 결과보고서를 매 분기의 마지막 날부터 30일 이내 국토교통부장관에게 제출해야 한다.

※ **수시 모니터링 업무**

1. 국토교통부장관이 필요하다고 판단하여 실시하는 모니터링

2. 모니터링 기관은 결과보고서를 해당 모니터링 업무를 완료한 날부터 15일 이내 국토교통부장관에게 제출해야 한다.

※ 국토부장관으로부터 조사 및 조치를 요구를 받은 시·도지사 및 등록관청은 신속하게 조사 및 조치를 완료하고, <u>완료한 날부터 10일 이내에 그 결과를 국토교통부장관에게 통보해야 한다.</u>

18-3. ⑤

※ **모니터링 업무 수탁기관(=모니터링 기관)**

1. **공공기관**

2. **정부출연 연구기관**

3. <u>**민법**에 따라 설립된 비영리법인</u>으로서 인터넷 표시·광고 모니터링 업무를 수행하는 법인

4. 전문인력, 전담조직을 갖췄다고 국토교통부장관이 **인정**하는 기관 또는 단체

① 공인중개사인 개공 및 법인인 개공은 사무소 명칭에 '공인중개사사무소' 또는 '부동산중개'를 선택하여 사용해야 한다.

② 100만원 이하의 과태료

19. ②

20. 공인중개사법령상 분사무소의 설치에 관한 설명으로 옳은 것은 몇 개인가?

> ㄱ. 공인중개사인 개업공인중개사는 등록관청에 신고하고 관할구역 외의 지역에 분사무소를 둘 수 있다.
>
> ㄴ. 등록관청은 분사무소 설치신고를 받은 때에는 그 사실을 공인중개사협회에 통보해야 한다.
>
> ㄷ. 분사무소의 설치신고를 하는 자는 국토교통부령이 정하는 수수료를 납부해야 한다.
>
> ㄹ. 분사무소의 설치신고를 받은 등록관청은 그 신고내용이 적합한 경우에는 국토교통부령으로 정하는 신고확인서를 교부해야 한다.
>
> ㅁ. 분사무소설치신고서에는 보증의 설정을 증명할 수 있는 서류를 첨부해야 한다.

① 없음　② 1개　③ 2개　④ 3개　⑤ 4개

21. 공인중개사법령상 중개사무소를 관할지역 외의 지역으로 이전하는 경우에 관한 설명으로 옳은 것은 몇 개인가?

> ㄱ. 개업공인중개사가 중개사무소를 甲군에서 乙군으로 이전한 경우 甲군 군수에게 이전 사실을 신고해야 한다.
>
> ㄴ. 이전신고를 받은 등록관청은 중개사무소 등록증을 재교부하거나 기존의 등록증에 변경사항을 적어 이를 교부해야 한다.
>
> ㄷ. 이전 후 등록관청의 요청으로 종전 등록관청이 송부해야 하는 서류에는 행정처분 절차가 진행 중인 경우 그 관련서류도 포함된다.
>
> ㄹ. 이전신고 전에 발생한 사유로 인한 개업공인중개사에 대한 행정처분은 이전 전의 등록관청이 이를 행한다.

① 없음　② 1개　③ 2개　④ 3개　⑤ 4개

ㄱ. 이전 후의 등록관청(乙군)에 신고해야 한다.

ㄴ. 관할지역 내로 이전한 경우에 등록증을 재교부하거나 기존의 등록증을 수정하여 다시 교부해야 하며, 외로 이전한 경우에는 등록증을 재교부해야 한다.

ㄷ. 송부서류 : 중개사무소등록대장, 중개사무소 개설등록 신청서류, 최근 1년간의 행정처분서류 및 절차가 진행 중인 서류

ㄹ. 이전 후의 등록관청이 행정처분을 한다.

21. ② 옳은 것 : ㄷ

ㄱ. 법인인 개업공인중개사만 분사무소를 둘 수 있다. 공인중개사는 개업공인중개사는 분사무소를 설치할 수 없다.

ㄷ. 지방자치단체 조례로 정하는 수수료를 납부해야 한다.

20. ④ 옳은 것 : ㄴ, ㄹ, ㅁ

22. 공인중개사법령상 분사무소의 이전에 관한 설명으로 옳은 것은 몇 개인가?

ㄱ. 분사무소를 관할지역 외로 이전한 경우 이전 후의 분사무소를 관할하는 등록관청에 이전신고를 해야 한다.

ㄴ. 분사무소 이전신고를 하려는 법인인 개업공인중개사는 중개사무소등록증을 첨부해야 한다.

ㄷ. 분사무소의 이전신고를 받은 등록관청은 이전 전의 분사무소를 관할하는 시장·군수 또는 구청장에게 관련 서류를 송부하여 줄 것을 요청해야 한다.

ㄹ. 분사무소의 이전신고를 받은 등록관청은 지체 없이 그 분사무소의 이전 전 및 이전 후의 소재지를 관할하는 시장·군수 또는 구청장에게 그 사실을 통보해야 한다.

① 없음 ② 1개 ③ 2개 ④ 3개 ⑤ 4개

23. 공인중개사법령상 개업공인중개사 甲과 乙의 중개사무소의 공동사용에 관한 설명으로 옳은 것은 몇 개인가?

ㄱ. 공인중개사 A는 휴업기간 중인 甲의 사무소를 공동으로 사용하기 위하여 중개사무소 개설등록을 할 수 있다.

ㄴ. 업무정지 기간 중인 乙의 사무소를 공동으로 사용하기 위하여 분사무소를 설치할 수 없다.

ㄷ. 甲이 임차한 중개사무소를 공동으로 사용하기 위해 중개사무소를 이전하는 개업공인중개사 B는 이전신고서에 임대인의 승낙서를 첨부해야 한다.

ㄹ. 업무정지기간 중인 乙은 甲의 중개사무소를 공동으로 사용하기 위해 중개사무소 이전신고를 할 수 없다.

ㅁ. 업무정지기간 중인 乙이 영업정지 처분을 받기 전부터 중개사무소를 공동사용 중인 개업공인중개사 甲은 乙의 업무정지 기간 중에 중개사무소를 공동으로 사용할 수 없다.

① 1개 ② 2개 ③ 3개 ④ 4개 ⑤ 5개

ㄱ. 분사무소 이전신고는 주된 사무소 관할 등록관청에 해야 한다.
ㄴ. 분사무소설치신고확인서 첨부
ㄷ. 분사무소 설치신고 및 이전신고는 모두 주된 사무소 관할 등록관청에 하게 되므로 분사무소를 이전하더라도 서류송부절차는 없다.

22. ② 옳은 것 : ㄹ

ㄷ. 甲의 승낙서를 첨부해야 한다.
ㅁ. 업무정지 개공이 영업정지 처분을 받기 전부터 중개사무소를 공동사용 중이었던 다른 개업공인중개사는 중개사무소를 공동으로 사용해도 된다.

23. ③ 옳은 것 : ㄱ, ㄴ, ㄹ

24. 공인중개사법령상 법인인 개업공인중개사가 겸업할 수 있는 것은?

① 중개사무소 개설등록을 준비 중인 공인중개사를 대상으로 한 중개업의 경영정보의 제공

② 부동산의 개발대행

③ 주거이전에 부수되는 용역의 제공

④ 부동산의 거래에 관한 상담

⑤ 상업용 건축물의 임대업

25. 공인중개사법령상 개업공인중개사의 겸업에 관한 설명으로 옳은 것은 몇 개인가?

ㄱ. 공인중개사인 개업공인중개사는 다른 개업공인중개사를 대상으로 중개업의 경영기법 제공업무를 겸업할 수 있다.
ㄴ. 모든 개업공인중개사는 토지의 분양대행을 겸업할 수 있다.
ㄷ. 법인이 아닌 모든 개업공인중개사는 도배업체를 운영할 수 있다.
ㄹ. 공인중개사인 개업공인중개사는 법원에 등록하지 않더라도 경매 대상 부동산의 권리분석 및 취득의 알선을 할 수 있다.
ㅁ. 공인중개사인 개업공인중개사가 경매 대상 부동산의 매수신청대리를 하려면 국토교통부령으로 정하는 바에 따라 법원에 등록해야 한다.

① 1개 ② 2개 ③ 3개 ④ 4개 ⑤ 5개

① 개업공인중개사를 대상으로 할 수 있는 업무이다.
② 개발에 관한 상담
③ 주거이전에 부수되는 용역의 알선
⑤ 상업용 건축물 및 주택의 임대관리 등 부동산의 관리대행

[5개 업무] → 모든 개공이 겸업 가능한 업무

1. 상업용 건축물 및 주택의 <u>임대관리</u> 등 부동산의 <u>관리대행</u>
2. 부동산의 이용·개발 및 거래에 관한 <u>상담</u>
3. 도배·이사업체의 <u>소개</u> 등 용역의 <u>알선</u>
4. <u>상가</u> 및 <u>주택의 분양대행</u>
5. <u>개업공인중개사를 대상으로 한 중개업의 경영기법 및 경영정보의 제공</u>

24. ④

ㄱ. 공인중개사인 개공은 겸업제한이 없다.
ㄴ. '그 밖의 업무'는 법인인 개공은 할 수 없다.
ㄷ. '그 밖의 업무'는 법인인 개공을 제외하고는 할 수 있다.
ㄹ. 법원에 등록하지 않아도 경매 권리분석 및 알선, 공매 권리분석 및 알선, 공매 매수신청대리를 할 수 있다.
ㅁ. 경매 - 매수신청대리 - <u>대법원규칙</u> - (지방)법원

25. ③ 옳은 것 : ㄱ, ㄷ, ㄹ

26. 공인중개사법령상 공인중개사인 개업공인중개사 甲과 그가 고용한 중개보조원 乙에 관한 설명으로 옳은 것은?

① 甲이 乙을 고용하고 고용신고서를 제출하는 경우 전자문서로 할 수 있다.

② 乙의 모든 행위는 甲의 행위로 본다.

③ 乙의 업무상 행위로 중개의뢰인에게 재산상 손해가 발생하여 甲의 책임이 인정되는 경우, 乙은 손해배상책임을 지지 않는다.

④ 乙이 업무정지 사유에 해당하는 위반행위를 한 경우 甲과 乙은 함께 업무정지처분을 받게 된다.

⑤ 甲이 乙의 위반행위를 방지하기 위해 상당한 주의와 감독을 게을리하지 않은 경우라도 양벌규정에 따라 벌금형을 받게 된다.

---

① 전자문서 : 고용신고(○)
　인장등록 및 변경등록(○) 휴업 및 폐업신고(×)
　휴업기간 변경신고(○)
　휴업한 중개업의 재개신고(○)
② 모든 → 업무상
③ 乙도 민법상 불법행위자로서의 손해배상책임을 진다.
④ <u>중개보조원은 행정처분을 받지 않으므로</u> 업무정지처분은 개공만 받는다. 다만 <u>중개보조원도 행정형벌 대상에는 포함된다.</u>
⑤ 중개보조원의 위반행위를 방지하기 위해 상당한 주의와 감독을 게을리하지 않은 경우 양벌규정에 따라 벌금형을 받지 않는다.

26. ①

---

27. 공인중개사법령상 공인중개사인 개업공인중개사 甲과 그가 고용한 소속공인중개사 乙에 관한 설명으로 옳은 것은 몇 개인가?

> ㄱ. 乙에 대한 고용신고를 받은 등록관청은 乙의 실무교육 수료여부를 확인해야 한다.
>
> ㄴ. 甲이 乙을 고용한 때에는 乙의 업무개시일부터 10일 이내에 등록관청에 신고해야 한다.
>
> ㄷ. 乙이 중개보수를 초과하여 금품을 받은 것을 이유로 자격정지 처분을 받게 되는 경우 등록관청은 甲의 중개사무소 개설등록을 취소할 수 있다.
>
> ㄹ. 甲이 10명을 초과하여 중개보조원을 고용한 경우 등록관청은 甲의 중개사무소 개설등록을 취소해야 한다.
>
> ㅁ. 乙의 공인중개사법 위법행위로 甲이 양벌규정에 따라 300만원의 벌금형을 선고받은 것은 등록의 결격사유에 해당한다.

① 1개　② 2개　③ 3개　④ 4개　⑤ 5개

ㄴ. 고용신고 : 고용한 경우에는 乙이 업무를 개시하기 전에 신고해야 한다. 고용관계 종료신고 : 종료일부터 10일 이내에 신고해야 한다.
ㄹ. 개공이 고용할 수 있는 중개보조원의 수는 개업공인중개사와 소속공인중개사를 합한 수의 5배를 초과하여서는 아니 된다. ▶ 절대적 등록취소 & 1-1
ㅁ. 개업공인중개사가 양벌규정에 따라 300만원 이상 벌금형을 받은 경우는 결격사유에 해당하지 않는다.

27. ③ 옳은 것 : ㄱ, ㄷ, ㄹ

28. 공인중개사법령상 인장에 관한 설명으로 <u>틀린</u> 것은?

① 법인인 개업공인중개사는 상업등기규칙에 따라 신고한 법인의 인장을 등록해야 한다.

② 법인인 개업공인중개사의 분사무소에서 사용할 인장은 상업등기규칙에 따라 법인의 대표자가 보증하는 인장으로 등록해야 한다.

③ 등록한 인장의 변경등록은 전자문서에 의하여 할 수 있다.

④ 부동산중개사무소 개설등록신청서에는 개업 공인중개사 인장등록신고서가 포함되어 있다.

⑤ 등록한 인장을 변경한 때에는 변경일부터 7일 이내에 그 변경된 인장을 등록관청에 등록 해야 한다.

29. 공인중개사법령상 휴업 및 폐업 등에 관한 설명으로 옳은 것은 몇 개인가?

> ㄱ. 법인인 개업공인중개사의 분사무소는 주된 사무소와 별도로 폐업할 수 없다.
>
> ㄴ. 개업공인중개사가 휴업신고를 하고자 하는 때에는 국토교통부령으로 정하는 신고서에 중개사무소등록증을 첨부해야 한다.
>
> ㄷ. 국토교통부장관이 정하여 고시하는 사유 등 부득이한 사유가 없는 한 휴업기간은 3개월 을 초과할 수 없다.
>
> ㄹ. 부동산중개업 휴업신고서는 관할 세무서장 에게 제출할 수 없다.
>
> ㅁ. 휴업한 중개업의 재개신고를 받은 등록관청 은 반납을 받은 중개사무소등록증을 즉시 반환해야 한다.
>
> ㅂ. 휴업기간 변경신고를 하지 않은 자에게는 100만원 이하의 과태료를 부과한다.

① 1개　② 2개　③ 3개　④ 4개　⑤ 5개

---

30. 공인중개사법령상 일반중개계약에 관한 설명으로 <u>틀린</u> 것은?

① 국토교통부장관은 일반중개계약의 표준서식을 정하여 그 사용을 권장할 수 있다.

② 일반중개계약은 법령에 표준서식을 정하고 있다.

③ 개업공인중개사가 일반중개계약서를 작성하는 경우 국토교통부령으로 정하는 계약서를 사용해야 한다.

④ 개업공인중개사는 작성한 일반중개계약서를 보존해야 할 의무가 없다.

⑤ 일반중개계약을 체결한 중개의뢰인은 동일한 중개대상물에 대하여 다른 개업공인중개사와 일반중개계약을 체결할 수 있다.

31. 공인중개사법령상 중개계약에 관한 설명으로 옳은 것은 모두 몇 개인가?

ㄱ. 중개의뢰인은 개업공인중개사에게 거래예정가격에 대하여 정한 중개보수를 기재한 일반중개계약서의 작성을 요청할 수 있다.

ㄴ. 전속중개계약을 체결한 개업공인중개사가 공개해야 할 중개대상물의 정보에는 일조, 소음 등 환경조건도 포함된다.

ㄷ. 전속중개계약의 유효기간 내에 개업공인중개사가 소개한 상대방과 개업공인중개사를 배제하고 직접 거래한 중개의뢰인은 전속중개계약을 체결한 개업공인중개사에게 위약금 지불의무를 진다.

ㄹ. 전속중개계약을 체결한 개업공인중개사가 중개의뢰인의 비공개 요청이 있었음에도 중개대상물의 정보를 공개한 경우 등록관청은 개설등록을 취소할 수 있다.

① 없음　② 1개　③ 2개　④ 3개　⑤ 4개

ㄱ. 중개대상물의 위치 및 규모, 거래예정가격, 거래예정가격에 대하여 정한 중개보수, 개업공인중개사와 중개의뢰인이 준수해야 할 사항

ㄷ. 중개의뢰인은 그가 지불해야 할 중개보수에 해당하는 금액을 위약금으로 지불해야 한다. = 위약금 지불의무가 있다.

ㄹ. ▸전속중개계약을 체결한 개공이 중개대상물의 정보를 공개하지 아니한 경우 : 등록을 취소할 수 있다.

▸전속중개계약을 체결한 개공이 의뢰인의 비공개 요청에도 불구하고 정보를 공개한 경우 : 등록을 취소할 수 있다.

일반중개계약서는 국토교통부령에 표준서식을 정하고 있으나 이를 사용할 의무는 없다.

30. ③

31. ⑤

32. 공인중개사법령상 X토지의 매도의뢰인 甲과 개업공인중개사 乙 간의 전속중개계약에 관한 설명으로 옳은 것은 모두 몇 개인가? (甲의 정보의 비공개 요청은 없었음)

> ㄱ. 등록관청은 표준서식인 전속중개계약서에 의하지 아니하고 전속중개계약을 체결한 乙의 중개사무소 개설등록을 취소할 수 있다.
>
> ㄴ. 乙이 X토지의 정보를 공개한 때에는 2주 이내에 甲에게 그 내용을 문서로 통지해야 한다.
>
> ㄷ. 별도의 약정이 없는 한 甲과 乙의 전속중개계약 유효기간은 6개월로 한다.
>
> ㄹ. 乙은 부동산거래정보망 또는 일간신문에 X토지의 공시지가를 공개해야 한다.

① 없음   ② 1개   ③ 2개   ④ 3개   ⑤ 4개

> ㄱ. 순수 업무정지 사유이다.
> ㄴ. 전속중개계약 체결 후 7일 이내에 정보를 공개해야 하고, 정보를 공개한 때에는 지체 없이 중개의뢰인에게 문서로 통지해야 한다.
> ㄷ. 3개월을 원칙으로 하되, 약정으로 달리 정할 수 있다.
> ㄹ. 임대차의 경우 공시지가를 공개하지 아니할 수 있으나 매매인 경우 공개해야 한다.
> 　　　　　　　　　　**32. ② 옳은 것 : ㄹ**

1. 개업공인중개사의 의무

일반

거래가 조속히 이루어지도록 성실히 노력해야 한다.

전속

① 비공개 요청이 없는 한 전속중개계약 체결 후 **7일 이내**에 정보망 **또는** 일간신문에 정보를 공개해야 하며, 공개한 때에는 **지체 없이** 의뢰인에게 문서로 통지해야 한다.
② 2주에 1회 이상 업무처리상황을 문서로써 통지해야 한다.

2. 중개의뢰인의 권리·의무

일반

① 다른 개업공인중개사에게도 중개를 의뢰할 수 있다.
② **개공이 확인·설명의무를 이행하는데 협조해야 한다.**

전속

① 유효기간 내에 다른 개공에게 중개를 의뢰하여 거래한 경우, 개공의 소개에 의하여 알게 된 상대방과 개공을 배제하고 거래당사자간에 직접 거래한 경우 : 중개보수에 해당하는 위약금을 지불해야 한다.
② 유효기간 내에 스스로 발견한 상대방과 거래한 경우 : 중개보수의 50%에 해당하는 금액의 범위에서 개공의 소요비용을 지불해야 한다.
③ **개공이 확인·설명의무를 이행하는데 협조해야 한다.**

[양 서식의 공통부분 3~8]

3. 유효기간

3개월을 원칙으로 하되, 약정으로 달리 정할 수 있다.

4. 중개보수

· 중개의뢰인과 합의한 중개보수를 기재한다.

· 실비는 별도로 지급한다.

▸중개보수 요율표를 수록하거나 별지로 첨부해야 한다.

5. 개업공인중개사의 손해배상책임

· 중개보수 또는 실비의 과다수령 : 차액 환급

· 확인·설명을 소홀히 하여 재산상의 피해를 발생하게 한 경우 손해액을 배상해야 한다.

6. 이 계약에 정하지 아니한 사항에 대하여는 개공과 중개의뢰인이 합의하여 별도로 정할 수 있다.

7. 권리이전용(매도·임대)

표시, 권리관계, 공법상 제한사항, 소유자, 중개의뢰금액

8. 권리취득용(매수·임차)

희망물건의 종류,　　취득희망가격,　　희망지역

▸개업공인중개사와 중개의뢰인은 일반(전속)중개계약서에 서명 또는 날인한다.

33. 공인중개사법 시행규칙 별지 제15호 서식인 전속중개계약서의 내용으로 옳은 것은?

① 중개의뢰인이 유효기간 내에 스스로 발견한 상대방과 거래한 경우 중개보수의 50%에 해당하는 금액을 개업공인중개사에게 지불해야 한다.

② 임대의뢰인과 작성하는 전속중개계약서에는 희망지역을 기재해야 한다.

③ 법령이 정한 한도 내에서 중개의뢰인과 합의한 중개보수를 기재하되 중개보수 외에 실비는 별도로 받을 수 없다.

④ 중개의뢰인은 개업공인중개사가 중개대상물 확인·설명 의무를 이행하는데 협조해야 한다.

⑤ 개업공인중개사는 전속중개계약서에 서명 및 날인해야 한다.

33-1. 공인중개사법 시행규칙 별지서식인 일반중개계약서와 전속중개계약서의 공통 기재사항은 모두 몇 개인가?

ㄱ. 중개의뢰인과 약정한 중개보수의 기재

ㄴ. 유효기간

ㄷ. 중개보수의 과다 수령시 차액을 환급해야 하는 규정

ㄹ. 중개대상물의 정보를 공개한 때에는 이를 문서로 통지해야 하는 규정

ㅁ. 희망물건의 종류

① 없음　② 1개　③ 2개　④ 3개　⑤ 4개

33.
① 50%에 해당하는 금액의 범위에서
② 임차의뢰인
③ 실비는 별도로 지급한다.
⑤ 서명 또는 날인
33-1. 틀린 것 : ㄹ. 전속중개계약서에만 기재된 내용
　　　　　　　　　　　　　33. ④　33-1. ⑤

34. 공인중개사법령상 중개대상물 확인·설명 등에 관한 설명으로 옳은 것은 몇 개인가? (확인·설명 사항이 공인전자문서센터에 보관된 경우를 제외하며 다툼이 있으면 판례에 의함)

ㄱ. 소속공인중개사는 중개대상물 확인·설명서를 작성하여 교부해야 할 의무를 부담하지 않는다.

ㄴ. 개업공인중개사가 중개대상물을 성실·정확하게 설명하였으나, 설명의 근거자료를 제시하지 않은 경우 500만원 이하의 과태료를 부과한다.

ㄷ. 개업공인중개사는 중개가 완성되어 거래계약서를 작성하는 때에 확인·설명 사항을 서면으로 작성하여 거래당사자에게 교부하고 5년 동안 그 원본, 사본 또는 전자문서를 보존해야 한다.

ㄹ. 개업공인중개사가 서명 및 날인을 해야 하는 중개대상물 확인·설명서에는 개업공인중개사가 보존하는 확인·설명서도 포함된다.

ㅁ. 개업공인중개사는 근저당권에 대하여 실제 피담보 채무액을 확인하여 중개의뢰인에게 설명할 의무가 없다.

① 1개　② 2개　③ 3개　④ 4개　⑤ 5개

ㄱ. 확인·설명 의무, 확인·설명서 작성, 교부, 보존의무는 모두 개공의 의무이다. 다만 소공은 확인·설명을 함에 있어서 성실·정확하게 하지 않았거나 근거자료를 제시하지 않았다면 자격정지 대상이다.

ㄴ. 옳다. 그리고 대통령령의 과태료 기준금액은 250만원이다.

ㄷ. 3년

ㄹ. 개업공인중개사가 서명 및 날인을 해야 하는 확인·설명서'란 개업공인중개사가 '거래당사자에게 교부하는' 확인·설명서를 의미하고, 보존하는 중개대상물 확인·설명서는 포함되지 않는다(판례 2023).

ㅁ. 채권최고액을 설명하면 되고 실제채무액을 설명할 의무가 없다.
　　　　　　　　　　34. ③ 옳은 것은 ㄱ, ㄴ, ㅁ

34-1. 공인중개사법령상 중개대상물 확인·설명 사항이 아닌 것은?

① 중개보수 및 실비 금액과 그 산출내역
② 중개대상물에 대한 권리를 이전함에 따라 부담해야 할 조세의 종류 및 세율
③ 토지이용계획
④ 열공급·승강기 및 배수 등 시설물의 상태
⑤ 시장·학교와의 근접성 등 입지조건

35. 공인중개사법령상 주거용 건축물 확인·설명서에 관한 설명으로 옳은 것은?

① 계약 전 소유권 변동여부는 실제권리관계 또는 공시되지 아니한 물건의 권리란에 기재한다.
② 내진설계 적용여부 및 내진능력은 개업공인중개사 세부확인사항에 적는다.
③ 민간임대 등록여부는 개업공인중개사 세부확인사항에 적는다.
④ 임대차의 경우 중개가 완성되기 전 공시된 건물(주택)공시가격을 적어야 한다.
⑤ 아파트의 경우 단독경보형감지기 설치여부를 개업공인중개사 세부확인사항에 적는다.

---

② 전용면적, 대지지분, 준공년도, 용도(건축물대장상 용도, 실제용도), 구조, 내진설계 적용여부 및 내진능력, 위반 건축물 여부 및 위반내용을 건축물대장을 확인하여 기본확인사항에 기재한다.

③ 민간임대 등록여부는 주거용 및 비주거용 확인·설명서 '기본 확인사항'의 '권리관계'에 기재한다.

"민간임대 등록여부"는 등록된 민간임대주택인지 여부를 임대주택정보체계에 접속하여 확인하거나 임대인에게 확인하여 표시하고, 민간임대주택인 경우 「민간임대주택에 관한 특별법」에 따른 권리·의무사항을 임차인에게 설명해야 한다.

④ 임대차는 공시지가, 공시가격의 기재를 생략할 수 있다.

⑤ 소방 : 주거용 건축물(단독경보형 감지기 유무를 아파트를 제외한 주택에 대해 작성), 비주거용 건축물 (소화전, 비상벨 유무)

권리를 취득함에 따라 부담해야 할 조세의 종류 및 세율

34-1. ②

35. ①

36. 공인중개사법령상 토지의 매매에 관한 확인·설명서 작성에 관한 설명으로 틀린 것은?

① 도시·군계획시설, 지구단위계획구역 그 밖의 도시·군관리계획은 개업공인중개사가 확인하여 적는다.

② 공부에서 확인할 수 없는 사항은 부동산종합공부시스템 등을 확인하여 적는다.

③ 비선호시설의 존재 유무는 개업공인중개사가 확인한 사항을 적어야 한다.

④ 중개보수는 거래예정금액을 기준으로 계산하며 부가가치세는 포함된 것으로 본다.

⑤ 중개보수 지급시기를 적어야 한다.

37. 공인중개사법령상 주거용 건축물 확인·설명서 작성시 개업공인중개사가 직접 조사하여 기재할 사항이 아닌 것은?

① 난방방식 및 연료공급

② 판매 및 의료시설

③ 비선호시설의 유무

④ 주차장의 유무

⑤ 관리에 관한 사항

[4가지 서식의 비교]

항목 \ 종류	주거용	비주거용	토지용	입목·광업(공장)재단
① 대상물건의 표시	○	○	○	○ 소재지(등기·등록지)
② 권리관계 (등기부 기재사항)	○	○	○	○
권리관계	민간임대 등록여부 계약갱신 요구권 다가구 주택 확인서류	민간임대 등록여부 계약갱신 요구권 ×	× 	×
③ 토지이용계획· 공법상 이용제한 및 거래규제	○	○	○	×
④ 입지조건	도대차교판	도대차	도대	×
⑤ 관리에 관한 사항	○	○	×	×
⑥ 비선호시설	○	×	○	×
⑦ 거래예정금액	○	○	○	○
⑧ 취득조세의 종류 및 세율	○	○	○	○
⑨ 실제권리관계 또는 공시되지 않은 물건[세부]	○	○	○	○
⑩ 내·외부시설물의 상태[세부]	○	○	×	×
⑪ 벽면, 바닥면 및 도배상태[세부]	○	벽면○ 바닥면○ 도배×	×	×
⑫ 환경조건[세부]	일소진	×	×	×
⑬ 중개보수 및 실비 & 산출내역	○	○	○	○
재단목록 및 입목의 생육상태	×	×	×	○ 기본확인사항

▶ 소방 : 주거용(단독경보형 감지기), 비주거용(소화전, 비상벨)

37-1. 공인중개사법령상 비주거용 건축물 확인·설명서 작성시 개업공인중개사의 세부 확인사항에 기재해야 것은 모두 몇 개인가?

> ㄱ. 단독경보형감지기
>
> ㄴ. 바닥면의 상태
>
> ㄷ. 도로에의 접근성이 용이한지 여부
>
> ㄹ. 관리주체의 유형
>
> ㅁ. 계약갱신요구권 행사여부

① 1개 ② 2개 ③ 3개 ④ 4개 ⑤ 5개

38. 공인중개사법령상 모든 중개대상물 확인·설명서에 공통으로 기재할 사항은 모두 몇 개인가?

> ㄱ. 토지이용계획, 공법상 이용제한 및 거래규제에 관한 사항
>
> ㄴ. 환경조건
>
> ㄷ. 실제권리관계 또는 공시되지 않은 물건의 권리
>
> ㄹ. 취득시 부담할 조세의 종류 및 세율
>
> ㅁ. 입지조건

① 1개 ② 2개 ③ 3개 ④ 4개 ⑤ 5개

39. 공인중개사법령상 거래계약서에 관한 설명으로 옳은 것은? (거래계약서가 공인전자문서센터에 보관된 경우를 제외함)

① 등록관청은 거래계약서를 보존기간 동안 보존하지 않은 개업공인중개사의 중개사무소 개설등록을 취소할 수 있다.

② 소속공인중개사가 중개업무를 수행한 경우 거래계약서에 개업공인중개사와 소속공인중개사가 함께 서명 또는 날인해야 한다.

③ 국토교통부장관은 개업공인중개사가 작성하는 거래계약서의 표준서식을 정하여 그 사용을 권장할 수 있다.

④ 거래계약서는 법령에 정해진 표준서식을 사용해야 한다.

⑤ 개업공인중개사가 거래계약서에 거래금액을 거짓으로 기재한 경우 과태료를 부과한다.

37-1. 비주거용 세부 : ㄴ

ㄱ. 단독경보형감지기 : 주거용 세부 확인사항
소화전, 비상벨 : 비주거용 세부 확인사항

ㄷㄹㅁ. 도로(입지), 관리주체의 유형, 민간임대 등록여부(권리관계) - 기본확인사항

38. 공통기재사항 ㄷ, ㄹ

ㄱ. 토지이용계획, 공법... : 입목·광업재단·공장재단용에는 없다.

ㄴ. 환경조건 - 주거용에만 작성

ㅁ. 입지조건 : 입목·광업재단·공장재단용에는 없다.

37-1. ① 38. ②

① 순수 업무정지

② 서명 및 날인

④ 거래계약서는 법령에 정해진 서식이 없다.

⑤ 임의적 등록취소 사유이다.

구분	일반중개계약서	전속중개계약서	확인·설명서	거래계약서
법정서식	○	○	○	×
개공 서명날인	또는	또는	및	및
소공 서명날인	×	×	및	및
보존	×	3년	3년	5년

39. ③

40. 공인중개사법령상 거래계약서의 필수적 기재 사항에 해당하는 것은 모두 몇 개인가?

> ㄱ. 중개보수 및 실비 금액과 그 산출내역
>
> ㄴ. 권리관계
>
> ㄷ. 계약금액 및 그 지급일자
>
> ㄹ. 계약의 기한이 있는 경우에는 그 기한
>
> ㅁ. 거래예정금액

① 없음 ② 1개 ③ 2개 ④ 3개 ⑤ 4개

41. 공인중개사법령상 계약금 등의 반환채무이행을 보장하기 위해 매수인이 낸 계약금을 개업공인중개사의 명의로 예치한 경우에 관한 설명으로 옳은 것은 몇 개인가?

> ㄱ. 개업공인중개사는 거래당사자에게 중도금 및 잔금도 예치하도록 권고해야 한다.
>
> ㄴ. 매도인은 해당 계약을 해제한 때에 계약금의 반환을 보장하는 내용의 금융기관 또는 보증보험회사가 발행하는 보증서를 개업공인중개사에게 교부하고 계약금을 미리 수령할 수 있다.
>
> ㄷ. 개업공인중개사는 총 거래대금에 해당하는 금액을 보장하는 보증보험 또는 공제에 가입하거나 공탁을 해야 한다.
>
> ㄹ. 개업공인중개사는 반환채무이행의 보장에 소요되는 실비에 대해 약정해야 할 의무가 없다.
>
> ㅁ. 개업공인중개사는 해당 계약이 해제된 때 예치된 계약금의 인출에 대한 거래당사자의 동의방법을 약정해야 한다.

① 1개 ② 2개 ③ 3개 ④ 4개 ⑤ 5개

거래계약서 기재사항 : ㄷ, ㄹ

ㄱㄴㅁ은 확인·설명서 기재사항

▸ 거래당사자의 **인적사항**

▸ 물건의 **표**시

▸ **계약일**

▸ 물건의 **인도**일시

▸ **권리이전의 내용**

▸ **거래**금액, 계약금액 및 그 지급일자 등 지급에 관한 사항

▸ 거래당사자간의 약정내용

▸ 확인·설명서 교부일**자**

▸ **조**건이 있는 경우 조건, 기한이 있는 경우 기한

40. ③

ㄱ. 권고할 수 있다.

ㄴ. 예치명의자에게 교부하고 계약금등을 미리 수령할 수 있다. 예치명의자가 개업공인중개사이므로 옳다.

ㄷ. 계약금에 해당하는 금액만큼 보증을 설정하면 된다.

ㄹ. 개공이 예치명의자가 되는 경우 반환채무이행의 보장에 소요되는 실비에 대해 약정할 의무가 있다.

41. ② 옳은 것 : ㄴ, ㅁ

42. 공인중개사법령상 개업공인중개사의 손해배상책임에 관한 설명으로 옳은 것은 몇 개인가? (다툼이 있으면 판례에 의함)

┌───┐
ㄱ. 공인중개사 자격증을 대여받은 자가 임대차를 의뢰한 자와 직접 거래당사자로서 임대차계약을 체결하고 공인중개사 명의로 작성된 확인·설명서를 교부한 행위는 중개행위에 해당하지 않는다.

ㄴ. 중개의뢰인은 개업공인중개사와 작성한 손해배상합의서를 첨부하여 보증기관에 손해배상금의 지급을 청구할 수 없다.

ㄷ. 보증보험에 가입한 개업공인중개사가 보증기간이 만료되어 다시 보증을 설정하려는 경우 그 보증기간 만료일부터 15일 이내에 다시 보증을 설정하여 신고해야 한나.

ㄹ. 개업공인중개사는 중개가 완성되기 전에 거래당사자에게 손해배상책임의 보장에 관한 보장기간을 설명해야 한다.
└───┘

① 없음   ② 1개   ③ 2개   ④ 3개   ⑤ 4개

43. 공인중개사법령상 손해배상책임 및 보증제도에 관한 설명으로 틀린 것은? (다툼이 있으면 판례에 의함)

① 개업공인중개사는 업무를 개시하기 전에 보증보험 또는 공제에 가입하거나 공탁을 해야 한다.

② 개업공인중개사가 중개행위를 함에 있어서 거래당사자에게 손해가 발생한 경우 자신의 고의 또는 과실 여부와 관계없이 그 손해를 배상해야 한다.

③ 지역농업협동조합이 부동산중개업을 하는 때에는 업무개시 전에 보증을 보증기관에 설정한 후 그 증명서류를 첨부하여 등록관청에 신고해야 한다.

④ 개업공인중개사는 공탁금으로 손해배상을 한 때에는 15일 이내에 보증보험 또는 공제에 가입하거나 공탁금 중 부족하게 된 금액을 보전해야 한다.

⑤ 개업공인중개사가 장래 공제사고를 일으킬 의도로 협회와 공제계약을 체결하고 실제로 공제사고를 일으킨 사정만으로 공제계약을 무효라고 볼 수는 없다.

옳은 것 : ㄱ

ㄱ. 자격증을 대여받아 중개사무소를 운영하던 甲이 **임차의뢰인 乙과 직접 거래당사자로서 임대차계약을 체결한 경우** 임대차계약서에 사무소의 명칭이 기재되고, 확인·설명서가 교부되었다고 하더라도 **중개행위라고 볼 수 없다**(2010다101486).

ㄴ. 손해배상합의서, 확정된 법원의 판결문 사본, 기타 이에 준하는 효력이 있는 서류를 보증기관에 제출하여 청구한다.

ㄷ. 만료일까지 다시 보증을 설정하여 신고

ㄹ. **중개가 완성된 때에는** 거래당사자에게 손해배상책임의 보장에 관한 사항을 설명하고, 보증관계증서 사본을 교부하거나 전자문서를 제공해야 한다.
　　- 보장금액 - 보장기간 - 보증보험회사, 공제사업을 행하는 자, 공탁기관 및 그 소재지

42. ②

개업공인중개사가 직접 중개행위를 한 경우에는 자신의 고의 또는 과실이 없으면 손해배상책임을 지지 않는다. 다만, 소공이나 중개보조원의 업무상 행위로 재산상 손해가 발생한 경우 개공은 자신의 고의 또는 과실이 없는 경우에도 배상책임을 진다.

43. ②

44. 공인중개사법령상 공인중개사인 개업공인중개사에게 금지되는 행위는 모두 몇 개인가? (다툼이 있으면 판례에 의함)

> ㄱ. 「공장 및 광업재단 저당법」에 따른 공장재단의 매매를 업으로 한 행위
>
> ㄴ. 안내문, 온라인 커뮤니티 등을 이용하여 특정 가격 이하로 중개를 의뢰하지 아니하도록 유도하는 행위
>
> ㄷ. 소유자인 중개의뢰인으로부터 거래에 관한 대리권을 수여받은 대리인으로부터 주택을 매수한 행위
>
> ㄹ. 임대의뢰인의 위임을 받아 임차의뢰인과 상가의 임대차계약을 체결한 행위
>
> ㅁ. 매수인으로부터 매수의뢰를 받은 다른 개업공인중개사의 중개로 토지를 매도한 행위
>
> ㅂ. 상업용 건축물의 임대업을 한 행위

① 1개　② 2개　③ 3개　④ 4개　⑤ 5개

45. 공인중개사법령에 관한 설명으로 옳은 것은 모두 몇 개인가?

> ㄱ. 공인중개사자격증의 대여를 알선한 자는 1년 이하의 징역 또는 1천만원 이하의 벌금에 처한다.
>
> ㄴ. 개업공인중개사가 고용할 수 있는 소속공인중개사의 수는 개업공인중개사 수의 5배를 초과하여서는 아니 된다.
>
> ㄷ. 중개업무를 보조함에 있어서 중개의뢰인에게 본인이 중개보조원이라는 사실을 미리 알리지 아니한 자에 대하여는 등록관청이 500만원 이하의 과태료를 부과한다.
>
> ㄹ. 개업공인중개사는 주택의 매매계약을 체결하려는 중개의뢰인에게 「주택임대차보호법」에 따라 확정일자부여기관에 정보제공을 요청할 수 있다는 사항을 설명해야 한다.
>
> ㅁ. 공인중개사의 직무와 관련하여 「형법」상 사문서 위조 금지 규정을 위반하여 금고 이상의 형을 선고받은 자에 대하여 시·도지사는 공인중개사 자격을 취소해야 한다.

① 1개　② 2개　③ 3개　④ 4개　⑤ 5개

ㄱ. 중개대상물 매매업 : 금지행위○

ㄴ. 누구든지 해서는 아니되는 행위이다. : 금지행위○

ㄷ. 중개의뢰인과 직접거래 : 금지행위○

ㄹ. 일방대리 : 금지행위×

ㅁ. 다른 개공의 중개로 사고 파는 행위 : 금지행위×

ㅂ. 매매업은 금지행위○, 임대업은 금지행위× 다만, 임대업은 법인인 개업공인중개사가 겸업할 수 없으며 위반시 임의적 등록취소 사유이다.

44. ③ 금지행위 : ㄱ, ㄴ, ㄷ

ㄱ. 성명, 자격증(등록증) 양도, 대여, 양수, 대여를 알선한 자는 1-1에 처한다.

ㄴ. 개공이 고용할 수 있는 중개보조원의 수는 개업공인중개사와 소속공인중개사를 합한 수의 5배를 초과하여서는 아니 된다. ▸절대적 등록취소 & 1-1

ㄷ. 중개보조원은 현장안내 등 중개업무를 보조하는 경우 중개의뢰인에게 본인이 중개보조원이라는 사실을 미리 알려야 한다. ▸등록관청 - 500만원 이하 과태료 : 미리 알리지 아니한 중개보조원 및 개업공인중개사. 다만, 개업공인중개사가 그 위반행위를 방지하기 위하여 해당 업무에 관하여 상당한 주의와 감독을 게을리하지 아니한 경우는 제외한다.

ㄹ. 개업공인중개사는 주택의 임대차계약을 체결하려는 중개의뢰인에게 확정일자부여기관에 정보제공을 요청할 수 있다는 사항을 설명하여야 한다.

ㅁ. 공인중개사의 직무와 관련하여 형법을 위반(범죄단체 조직, 사문서 위조·변조·행사, 사기, 횡령, 배임)하여 금고 이상의 형을 선고받은 경우(집행유예 포함) - 자격취소

옳은 것은 ㄱ, ㄷ, ㅁ이다.　　45. ③

46. 공인중개사법령상 부동산거래질서 교란행위 신고센터에 관한 설명으로 옳은 것은 모두 몇 개인가?

ㄱ. 시·도지사는 부동산거래질서교란행위를 방지하기 위하여 신고센터를 설치·운영할 수 있다.

ㄴ. 신고센터의 설치·운영자는 신고센터의 업무를 공인중개사협회에 위탁한다.

ㄷ. 신고센터에 부동산거래질서교란행위를 신고하려는 자는 신고인 및 피신고인의 인적사항을 서면으로 제출(전자문서 포함)해야 한다.

ㄹ. 신고센터의 요구를 받은 시·도지사 및 등록관청은 조사 및 조치를 완료한 날부터 10일 이내에 그 결과를 국토교통부장관에게 통보해야 한다.

ㅁ. 신고센터는 법원의 판결에 의해 확정된 신고내용에 대하여는 국토교통부장관의 승인을 받지 않고 신고사항의 처리를 종결할 수 있다.

① 1개　② 2개　③ 3개　④ 4개　⑤ 5개

47. 공인중개사법령상 중개보수에 관한 설명으로 옳은 것은 모두 몇 개인가? (다툼이 있으면 판례에 의함)

ㄱ. 중개대상물에 대한 계약이 완료되지 않을 경우에 중개행위에 상응하는 보수를 지급하기로 한 약정은 효력이 없다.

ㄴ. 개업공인중개사와 중개의뢰인의 약정에 따라 중개보수 지급시기를 거래계약이 체결된 날로 할 수 있다.

ㄷ. 공인중개사법령에서 정한 한도를 초과하는 중개보수 약정은 그 전부가 무효이다.

ㄹ. 주택 외의 중개보수는 시·도 조례로 정한다.

ㅁ. 실비의 한도 등에 관하여 필요한 사항은 국토교통부령으로 정하는 범위 안에서 시·도 조례로 정한다.

① 1개　② 2개　③ 3개　④ 4개　⑤ 5개

ㄱ. **국토교통부장관**은 부동산거래질서교란행위 신고센터를 설치·운영할 수 있다.

ㄴ. 국토교통부장관은 신고센터 업무를 한국부동산원에 위탁한다.

ㄷ. 신고인 및 피신고인의 인적사항 / 교란행위의 발생일시·장소 및 그 내용 / 신고 내용을 증명할 수 있는 증거자료 또는 참고인의 인적사항을 서면으로 제출해야 한다.

ㄹ. 신고센터는 제출받은 신고사항에 대해 시·도지사 및 등록관청에 조사 및 조치를 요구해야 한다. → 시·도지사 및 등록관청은 조사 및 조치를 완료한 날부터 10일 이내에 그 결과를 **신고센터**에 통보 → 신고센터는 매월 10일까지 직전 달의 신고사항 접수 및 처리 결과 등을 국토교통부장관에게 제출해야 한다.

ㅁ. 국토부장관의 승인을 받아야 처리를 종결할 수 있다.

46. ① 옳은 것 : ㄷ

ㄱ. 공인중개사가 중개대상물에 대한 <u>계약이 완료되지 않을 경우에도 중개행위에 상응하는 보수를 지급하기로 약정</u>할 수 있다. 이러한 보수는 계약이 완료되었을 경우에 적용되었을 부동산 중개보수 제한에 관한 공인중개사법령에 따른 한도를 초과할 수는 없다고 보아야 한다(2017다243723).

ㄴ. 약정이 없는 때에는 거래대금 지급이 완료된 날로 한다.

ㄷ. 초과 범위 내에서 무효이다.

ㄹ. 주택 외의 중개보수는 국토교통부령으로 정한다.

47. ② 옳은 것은 ㄴ, ㅁ

48. A시에 중개사무소를 둔 개업공인중개사 甲은 B시에 소재하는 乙소유의 X건축물(주택의 면적은 3분의 1임)을 丙이 임차하는 계약을 중개하였다. 공인중개사법령상 이에 관한 설명으로 옳은 것은 모두 몇 개인가?

> ㄱ. 甲은 乙과 丙으로부터 각각 중개보수를 받을 수 있다.
>
> ㄴ. 주택의 중개에 대한 보수 규정을 적용한다.
>
> ㄷ. 甲이 乙로부터 받을 수 있는 중개보수는 거래금액의 1천분의 6까지로 한다.
>
> ㄹ. 甲은 A시가 속한 시·도의 조례에서 정한 기준에 따라 실비를 받아야 한다.
>
> ㅁ. X건축물의 권리관계 확인에 소요되는 실비는 영수증 등을 첨부하여 丙에게 청구할 수 있다.

① 1개　② 2개　③ 3개　④ 4개　⑤ 5개

49. 개업공인중개사 甲이 乙 소유의 전용면적 86제곱미터 오피스텔을 1억원에 매매계약을 중개한 경우에 받을 수 있는 중개보수와 丙 소유의 전용면적 70제곱미터 오피스텔을 보증금 900만원, 월차임 30만원으로 임대차 계약을 중개한 경우에 받을 수 있는 중개보수의 차액은 얼마인가? (오피스텔은 상·하수도 시설이 갖추어진 전용입식 부엌, 전용 수세식 화장실 및 목욕시설을 갖춤)

① 12만원　② 38만원　③ 72만원
④ 78만원　⑤ 90만원

ㄴ. 주택의 면적이 2분의 1 미만인 경우 주택 외의 중개보수를 적용한다.
ㄷ. 주택 외의 임대차 중개보수는 거래금액의 1천분의 9까지 받을 수 있다.
ㄹ. 중개사무소 시·도 조례에 따라 실비를 받아야 한다.
ㅁ. 권리관계 확인에 소요되는 실비는 매도·임대 이전의 뢰인에게 청구할 수 있다.

옳은 것은 ㄱ, ㄹ이다.

48. ②

85제곱미터 초과인 오피스텔은 1천분의 9까지 받을 수 있으며, 85제곱미터 이하의 경우 매매는 1천분의 5까지, 임대차는 1천분의 4까지 받을 수 있다.
86㎡ 오피스텔 매매 1억 × 0.9% = 900,000원
70㎡ 오피스텔 임대차 3,000 × 0.4% = 120,000원

49. ④

49-1. 개업공인중개사 甲이 乙 소유의 오피스텔 임대차를 중개한 경우에 받을 수 있는 중개보수와 丙 소유의 주택 임대차를 중개한 경우에 받을 수 있는 중개보수의 합산액은?

〈계약 조건〉

1. 乙 소유의 오피스텔(전용면적 85㎡ 상·하수도 시설이 갖추어진 전용입식 부엌, 전용수세식 화장실 및 목욕시설을 갖춤)
   1) 임대보증금 3천만원
   2) 월차임 50만원

2. 丙 소유의 주택
   1) 임대보증금 3천만원
   2) 월차임 50만원

〈X시 중개보수 조례 기준〉
   임대차 5천만원 이상 1억원 미만 : 0.4%
   (한도액 30만원)

① 30만원　　② 32만원　　③ 60만원
④ 62만원　　⑤ 64만원

50. 개업공인중개사가 주택의 면적이 2분의 1인 건축물에 대하여 매매와 임대차계약을 동일한 기회에 중개하고 乙로부터 받을 수 있는 중개보수의 최고한도액은?

〈계약 조건〉

1. 계약당사자 : 甲(매도인)과 乙(매수인)
   乙(임대인)과 丙(임차인)

2. 매매계약
   1) 매매대금 : 1억원
   2) 매매계약에 대하여 합의된 중개보수 : 70만원

3. 임대차계약
   임대보증금 3천만원, 월차임 : 60만원

〈X시 중개보수 조례 기준〉
1. 매매 5천만원 이상 2억원 미만 : 0.5%(한도액 80만원)
2. 임대차 5천만원 이상 1억원 미만 : 0.4%(한도액 30만원)

① 50만원　　② 70만원　　③ 80만원
④ 90만원　　⑤ 100만원

‣ 85제곱미터 이하 오피스텔 매매는 1천분의 5까지, 임대차는 1천분의 4까지 받을 수 있다.

　85㎡ 오피스텔 임대차 8,000 × 0.4% = 32만원

‣ 주택 임대차 보수는 조례를 보고 계산한다.

　8,000 × 0.4% = 320,000원. 다만 한도액이 30만원이므로 중개보수는 30만원이다.

∴ 합산액은 62만원

49-1. ④

주택의 면적이 2분의 1인 경우 주택으로 중개보수를 적용한다. 乙은 매매와 임대차에 대해 중개보수를 모두 지불해야 한다.

매매 : 1억원 × 0.5 = 50만원

임대차 : 거래금액은 9,000만원

중개보수 = 9,000만원 × 0.4%=36만원

한도액이 있으므로 중개보수는 30만원

결국 乙로부터 받을 수 있는 중개보수는 80만원

50. ③

51. 공인중개사법령상 부동산거래정보사업자에 관한 설명으로 옳은 것은?

① 거래정보사업자 지정신청서에는 공인중개사자격증 사본을 첨부하지 않아도 된다.

② 거래정보사업자로 지정받으려는 자는 미리 운영규정을 정하여 국토교통부장관의 승인을 얻어야 한다.

③ 거래정보사업자가 부정한 방법으로 지정을 받은 경우 국토교통부장관은 청문을 거치지 않고 사업자 지정을 취소할 수 있다.

④ 개업공인중개사에 따라 정보를 차별적으로 공개한 거래정보사업자는 1년 이하의 징역 또는 1천만원 이하의 벌금에 처한다.

⑤ 개업공인중개사가 정보망에 중개대상물의 정보를 거짓으로 공개한 경우, 등록관청은 중개사무소 개설등록을 취소할 수 있다.

52. 공인중개사법령상 공인중개사협회에 관한 설명으로 옳은 것은 몇 개인가?

> ㄱ. 협회에 관하여 이 법에 규정된 것 외에는 민법 중 재단법인에 관한 규정을 적용한다.
>
> ㄴ. 창립총회에는 광역시·도 및 특별자치도에서 각각 100명 이상의 회원이 참여해야 한다.
>
> ㄷ. 협회가 지회를 설치한 때에는 시·도지사에게 신고해야 한다.
>
> ㄹ. 국토교통부장관은 협회의 지부 및 지회를 지도·감독하기 위하여 필요한 때에는 그 업무에 관한 사항을 보고하게 하거나 자료의 제출 그 밖에 필요한 명령을 할 수 있다.
>
> ㅁ. 협회는 회원 300인 이상이 발기인이 되어 정관을 작성하여 창립총회의 의결을 거친 후 국토교통부장관의 허가를 받아 그 주된 사무소의 소재지에서 설립등기를 함으로써 성립한다.

① 없음 ② 1개 ③ 2개 ④ 3개 ⑤ 4개

---

① 지정받으려면 공인중개사 1인 이상을 확보해야 하며 지정신청서에 자격증 사본을 첨부해야 한다.

② 국장은 지정신청 받은 날부터 30일 이내에 지정서 교부. 지정받은 날부터 3개월 이내에 운영규정을 정하여 국장의 승인.

③ 사망, 해산을 제외하고는 청문을 실시해야 한다.

④ 의/의/차 : 지정취소 & 1-1

⑤ 중개대상물의 정보를 거짓으로 공개하거나 거래가 완성된 사실을 거래정보사업자에게 통보하지 않은 경우는 순수 업무정지 사유이다.

[지정요건]

1. 부가통신사업자로 신고한 자이어야 한다.

2. 개공 500명 이상, 2개 시·도, 30인 이상 - 등록증 사본

3. 정보처리기사, 공인중개사 1인 이상 - 자격증 사본

4. 국토부장관이 정하는 용량, 성능을 갖춘 컴퓨터설비 확보

51. ④

ㄱ. 민법 중 사단법인

ㄴ. 300명 이상 발기인 되어 정관작성, 창립총회 600명(서울 100명 이상, 광역시·도 및 특도에서 각각 20명 이상)

ㄷ. 지부는 시·도지사에게, 지회는 등록관청에 신고

ㄹ. <u>국토교통부장관은 협회와 그 지부 및 지회를 지도·감독하기 위하여 필요한 때에는 그 업무에 관한 사항을 보고하게 하거나 자료의 제출 그 밖에 필요한 **명령**을 할 수 있으며</u>, 소속 공무원으로 하여금 그 사무소에 출입하여 장부·서류 등을 조사 또는 검사하게 할 수 있다.

ㅁ. 허가 → 인가

52. ② 옳은 것 : ㄹ

53. 공인중개사법령상 공인중개사협회의 공제사업에 관한 설명으로 옳은 것은?

① 공제사업을 심의하고 그 업무집행을 감독하기 위하여 국토교통부에 공제사업 운영위원회를 둔다.

② 임기가 제한된 운영위원회 위원의 임기는 2년으로 하며, 연임할 수 없다.

③ 운영위원회 위원장은 국토교통부 제1차관이 된다.

④ 협회는 재무건전성 기준이 되는 지급여력비율을 100분의 10 이상으로 유지해야 한다.

⑤ 국토교통부장관은 재무건전성 기준에 관하여 필요한 세부기준을 정할 수 있다.

53-1. 공인중개사법령상 국토교통부장관이 협회의 임원에 대하여 징계·해임을 요구하거나 해당 위반행위를 시정하도록 명할 수 있는 사유는 모두 몇 개인가?

ㄱ. 재무건전성 기준을 지키지 아니한 경우

ㄴ. 공제사업의 개선명령을 이행하지 아니한 경우

ㄷ. 금융감독원장의 공제사업에 대한 조사 또는 검사에 불응한 경우

ㄹ. 공제규정을 위반하여 업무를 처리한 경우

ㅁ. 국토교통부장관의 승인 없이 책임준비금을 다른 용도로 사용한 경우

① 없음　② 1개　③ 2개　④ 3개　⑤ 4개

[운영위원회]

1. 협회에 둔다.

2. 위원 성별을 고려하여 구성한다. 위원수는 19명 이내

3. '협회의 회장 및 협회 이사회가 협회 임원 중에서 선임하는 사람'의 수는 전체 위원 수의 **3분의 1 미만**으로 한다.

4. 직무대행 : 부위원장

5. 출석위원 과반수의 찬성으로 의결

6. 간사, 서기는 위원장이 임명, 간사가 회의록 작성

① 협회에 운영위원회를 둔다.

② 임기가 제한된 운영위원회 위원의 임기는 2년으로 하며, 1회에 한하여 연임할 수 있다.

③ 위원장 및 부위원장은 위원 중에서 각각 호선(互選)한다.

④ 지급여력비율은 100분의 100 이상을 유지해야 한다. 책임준비금은 공제료 수입액의 100분의 10 이상 적립해야 한다.

53. ⑤

[공제사업]

1. 공제규정 제정, 변경 : 국토부장관의 승인

2. 운용실적 공시 : 회계연도 종료 후 3개월 이내

3. 금융감독원장은 국토부장관의 요청 있는 경우 공제사업에 관하여 조사 또는 검사할 수 있다.

4. **국토교통부장관**은 협회의 공제사업 운영이 적정하지 아니하거나 자산상황이 불량하여 중개사고 피해자 및 공제 가입자 등의 권익을 해칠 우려가 있다고 인정하면 개선명령을 할 수 있다.

국토교통부장관은 협회의 임원이 다음 각 호의 어느 하나에 해당하여 공제사업을 건전하게 운영하지 못할 우려가 있는 경우 그 임원에 대한 징계·해임을 요구하거나 해당 위반행위를 시정하도록 명할 수 있다.

1. 공제규정을 위반하여 업무를 처리한 경우

2. 개선명령을 이행하지 아니한 경우

3. 재무건전성 기준을 지키지 아니한 경우

53-1. ④ 아닌 것 : ㄷ, ㅁ

54. 공인중개사법령상 등록관청, 수사기관 또는 신고센터에 신고 또는 고발하여 포상금을 지급받을 수 있는 자를 모두 고른 것은?

> ㄱ. 중개대상물이 존재하지만 실제로 중개의 대상이 될 수 없는 중개대상물에 대한 표시·광고를 한 자를 신고한 경우
>
> ㄴ. 개업공인중개사등에게 중개대상물을 시세보다 현저하게 높게 표시·광고하도록 강요한 자를 신고한 경우
>
> ㄷ. 정당한 사유 없이 개업공인중개사등의 중개대상물에 대한 정당한 표시·광고를 방해하는 행위를 한 자를 신고한 경우
>
> ㄹ. 개업공인중개사가 아닌 자로서 사무소의 명칭에 '공인중개사사무소'라는 명칭을 사용한 자를 신고한 경우
>
> ㅁ. 안내문, 온라인 커뮤니티 등을 이용하여 특정 가격 이하로 중개를 의뢰하지 아니하도록 유도하는 행위를 한 자를 신고한 경우

① ㄱ, ㄷ, ㅁ ② ㄱ, ㄴ, ㄹ ③ ㄴ, ㄷ, ㅁ
④ ㄷ, ㄹ ⑤ ㄷ, ㅁ

54-1. 공인중개사법령상 甲과 乙이 받을 수 있는 포상금 최대금액은?

> ㄱ. 甲은 둘 이상의 중개사무소에 소속한 A를 고발하여 A는 기소유예의 처분을 받았다.
>
> ㄴ. 부정한 방법으로 중개사무소 개설등록을 한 B에 대해 甲이 먼저 신고하고, 뒤이어 乙도 B를 신고하였는데, 검사가 B를 공소제기 하였다.
>
> ㄷ. 甲과 乙은 포상금배분에 관한 합의 없이 공동으로 공인중개사자격증을 다른 사람에게 대여한 C를 신고하였는데, C는 형사재판에서 무죄판결을 받았다.
>
> ㄹ. 乙은 중개사무소등록증을 대여받은 D와 E를 신고하였는데, D는 무혐의처분, E는 형사재판에서 벌금형을 선고받았다.
>
> ㅁ. A, B, C, D, E는 甲 또는 乙의 신고 또는 고발 전에 행정기관에 의해 미리 발각되지 않았다.

① 甲 : 75만원, 乙 : 25만원
② 甲 : 75만원, 乙 : 50만원
③ 甲 : 100만원, 乙 : 50만원
④ 甲 : 75만원, 乙 : 75만원
⑤ 甲 : 125만원, 乙 : 75만원

[포상금 지급사유]

1. 중개사무소의 개설등록을 하지 아니하고 중개업을 한 자
2. 거짓 그 밖의 부정한 방법으로 중개사무소의 개설등록을 한 자
3. 등록증 또는 자격증을 양도·대여하거나 다른 사람으로부터 양수·대여 받은 자
4. 개업공인중개사가 아닌 자로서 중개대상물에 대한 표시·광고를 한 자
5. 교란행위(꾸단 + 5개 : 꾸미는, 단체, 안내문·온라인, 정당한 표시·광고를 방해, 현저하게 높게 표시·광고를 강요, 현저하게 높게 표시·광고를 유도)

> ㄱ. 중개대상물에 대한 부당한 표시·광고를 한 경우이며 포상금 지급사유가 아니다.
> ㄹ. 1-1 사유이지만 포상금 지급사유는 아니다.

54. ③

> ㄱ. 이중소속한 자를 신고 또는 고발한 자는 포상금을 지급받을 수 없다.
> ㄴ. 거짓 부정한 방법으로 중개사무소 개설등록을 한 B는 공소제기 처분을 받았으므로 甲은 50만원의 포상금을 받는다.
> ㄷ. 공인중개사자격증을 다른 사람에게 대여한 C는 무죄판결을 받았더라도 공소제기가 되었기 때문에 포상금을 지급한다. 甲과 乙은 각각 25만원의 포상금을 받는다.
> ㄹ. 공소제기가 되어 유죄판결(벌금형)을 받은 E를 신고한 것에 대해서만 乙은 50만원의 포상금을 받는다.

그러므로 甲 : 75만원, 乙 : 75만원

54-1. ④

55. 공인중개사법령상 포상금제도에 관한 설명으로 옳은 것은?

① 등록관청은 부정한 방법으로 공인중개사 자격을 취득한 자를 신고한 자에 대하여 포상금을 지급할 수 있다.

② 포상금 지급에 소요되는 비용은 그 일부를 시·도에서 보조할 수 있다.

③ 포상금은 해당 신고 또는 고발사건에 대하여 검사가 공소제기의 결정을 한 경우에 한하여 지급한다.

④ 포상금의 지급결정은 포상금지급신청서를 제출받은 등록관청이 한다.

⑤ 등록관청은 포상금지급신청서를 접수한 날부터 1개월 이내에 포상금을 지급해야 한다.

56. 공인중개사법령상 조례로 정하는 수수료를 납부해야 하는 경우는 모두 몇 개인가?

ㄱ. 공인중개사자격증의 재교부를 신청하는 자

ㄴ. 중개사무소등록증을 교부받는 자

ㄷ. 분사무소의 설치신고를 하는 자

ㄹ. 중개보조원의 고용신고를 하는 자

ㅁ. 휴업신고를 하는 자

ㅂ. 국토교통부장관이 시행하는 공인중개사 자격시험에 응시하는 자

① 1개 ② 2개 ③ 3개 ④ 4개 ⑤ 5개

① 거짓 부정한 방법으로 중개사무소 개설등록을 한 자를 신고한 경우 포상금을 지급한다.
② 국고에서 보조할 수 있고 비율은 100분의 50 이내로 한다.
③ 공소제기 또는 기소유예의 결정을 한 경우에 한하여 지급한다.
⑤ 지급결정일부터 1개월 이내

55. ④

ㄴ. 등록증을 교부받을 때 납부하는 것이 아니라, 등록을 신청할 때 납부해야 한다.
ㅂ. 시·도지사가 시행하는 공인중개사 자격시험에 응시하는 자는 지방자치단체 조례로 정하는 수수료 납부. 국토부장관이 시행하는 시험에 응시하는 자는 국토부장관이 결정·공고하는 수수료 납부

56. ② 납부하는 경우 ㄱ, ㄷ

57. 공인중개사법 시행규칙 별표3에 규정된 자격정지 기준으로 옳은 것은 몇 개인가?

위반행위	기준
ㄱ. 둘 이상의 중개사무소에 소속된 경우	6개월
ㄴ. 중개대상물의 확인·설명시 설명의 근거자료를 제시하지 않은 경우	6개월
ㄷ. 중개대상물의 매매를 업으로 한 경우	3개월
ㄹ. 거래계약서에 거래금액 등 거래내용을 거짓으로 기재한 경우	3개월
ㅁ. 중개의뢰인과 직접거래를 한 경우	3개월

① 1개 ② 2개 ③ 3개 ④ 4개 ⑤ 5개

58. 공인중개사법령상 자격취소 및 자격정지에 관한 설명으로 옳은 것은?

① 시·도지사는 공인중개사의 직무와 관련하여 「형법」상 사기죄로 징역형의 집행유예를 선고받은 공인중개사에 대하여 그 자격을 취소해야 한다.

② 시·도지사는 자격정지처분을 한 사실을 국토교통부장관에게 보고해야 한다.

③ 자격증을 교부한 시·도지사와 사무소 관할 시·도지사가 서로 다른 경우 자격증을 교부한 시·도지사가 자격정지처분에 필요한 절차를 이행한다.

④ 공인중개사가 다른 사람에게 자기의 성명을 사용하여 중개업무를 하게 한 경우 시·도지사는 6개월의 범위 안에서 자격을 정지할 수 있다.

⑤ 자격취소처분을 받은 개업공인중개사는 그 처분을 받은 날부터 7일 이내에 중개사무소 소재지를 관할하는 시·도지사에게 자격증을 반납해야 한다.

[자격정지] 6개월의 범위 안에서 자격을 정지할 수 있다.

자격정지 사유	기준기간
① 금지행위(판매명수/관직쌍투꾸단)	
② 둘 이상의 중개사무소에 소속(이중소속)	6개월
③ 거래계약서 거래금액 거짓 기재하거나, 서로 다른 둘 이상의 거래계약서 작성	
④ 확인·설명서 서명 및 날인 ×	
⑤ 거래계약서 서명 및 날인 ×	
⑥ 성실·정확하게 확인·설명 하지 않은 자 설명의 근거자료 제시하지 않은 자	3개월
⑦ 인장등록을 하지 않은 자 등록하지 않은 인장을 사용한 자	

ㄴ. 3개월   ㄷ. 6개월   ㄹ. 6개월   ㅁ. 6개월
금이둘(6개월) 서서 확인 인(3개월)

57. ①

---

① 공인중개사법 위반으로 징역형 선고(집행유예 포함) - 자격취소

■ 공인중개사의 직무와 관련하여 형법을 위반(범죄단체조직, 사문서 위조·변조·행사, 사기, 횡령, 배임)하여 금고 이상의 형을 선고받은 경우(집행유예 포함) - 자격취소

② 자격정지 → 자격취소

③ 사무소 관할 시·도지사가 자격취소처분에 필요한 절차를 모두 이행해야 한다.

④ 자격취소 사유이다.

⑤ 자격증을 교부한 시·도지사에게 반납해야 한다.

58. ①

59. 공인중개사법령상 자격취소 및 자격정지에 대한 설명으로 옳은 것은 몇 개인가?

> ㄱ. 시장·군수 또는 구청장은 소속공인중개사의 자격정지 사유가 발생한 경우 6개월의 범위 안에서 기간을 정하여 그 자격을 정지할 수 있다.
>
> ㄴ. 등록관청은 공인중개사가 자격정지 사유에 해당하는 사실을 알게 된 때에는 등록관청이 자격정지처분을 한 후 지체 없이 그 사실을 시·도지사에게 통보해야 한다.
>
> ㄷ. 시·도지사는 자격정지처분을 한 사실을 다른 시·도지사에게 통지해야 할 의무가 없다.
>
> ㄹ. 시·도지사는 거래계약서에 거래금액을 거짓으로 기재한 소속공인중개사에 대하여 그 위반행위의 동기·결과 및 횟수를 참작하여 4개월의 자격정지처분을 할 수 있다.
>
> ㅁ. 공인중개사가 자격정지기간 중에 다른 개업공인중개사인 법인의 사원이 된 경우 이는 자격취소사유가 된다.
>
> ㅂ. 자격증 교부 시·도지사와 사무소 관할 시·도지사가 서로 다른 경우 사무소 관할 시·도지사가 자격정지 처분을 한 후 이를 자격증 교부 시·도지사에게 통보해야 한다.

① 1개   ② 2개   ③ 3개   ④ 4개   ⑤ 5개

60. 공인중개사법령상 개업공인중개사의 업무정지 사유인 동시에 중개업무를 수행한 소속공인중개사의 자격정지 사유에 해당하는 것은 모두 몇 개인가?

> ㄱ. 중개대상물 확인·설명서를 교부하지 아니한 경우
>
> ㄴ. 둘 이상의 중개사무소에 소속된 경우
>
> ㄷ. 거래계약서에 서명 및 날인을 하지 아니한 경우
>
> ㄹ. 성실·정확하게 중개대상물의 확인·설명을 하지 아니한 경우
>
> ㅁ. 표준서식인 전속중개계약서에 의하지 아니하고 전속중개계약을 체결한 경우

① 1개   ② 2개   ③ 3개   ④ 4개   ⑤ 5개

ㄱ. 시·도지사 - 소속공인중개사 - 자격정지
등록관청(시·군·구) - 개업공인중개사 - 업무정지

ㄴ. 등록관청이 자격정지 <u>사유를 알게 된 때에는 지체없이 이를 시·도지사에게 통보해야 한다.</u>

ㄹ. 거래계약서 거짓기재는 자격정지 6개월에 해당하며, 2분의 1 범위 안에서 감경이 가능하다. 3개월, 4개월, 5개월이 가능하다.

ㅂ. 사무소 관할 시·도지사가 자격정지 <u>처분에 필요한 절차를 모두 이행한 후</u> 자격증을 교부한 시·도지사에게 통보해야 한다.

59. ③ 옳은 것은 ㄷ, ㄹ, ㅁ

ㄱ. 개공 업무정지O, 소공 자격정지X

ㄴ. 이중소속 : 개공 절등취, 소공 자격정지

ㄹ. 개공 500만 이하 과태료, 소공 자격정지

ㅁ. 개공 업무정지O, 소공 자격정지X

▸전속중개계약서 사용X 보존X : 업무정지(○) 자격정지(×)

▸확인·설명서 및 거래계약서 교부X 보존X
  : 업무정지(○) 자격정지(×)

▸확인·설명서 및 거래계약서 서명 및 날인X
  : 업무정지(○) 자격정지(○)

60. ① 공통사유 : ㄷ

61. 공인중개사법령상 등록관청이 공인중개사인 개업공인중개사 甲의 중개사무소 개설등록을 취소해야 하는 사유는 모두 몇 개인가?

ㄱ. 공인중개사의 직무와 관련하여 「형법」상 횡령죄로 甲에게 300만원의 벌금형이 선고되어 확정된 경우

ㄴ. 甲이 「도로교통법」을 위반하여 금고 1년, 집행유예 2년이 선고되어 확정된 경우

ㄷ. 甲이 질병으로 인한 요양 등 부득이한 사유 없이 계속하여 7개월간 휴업한 경우

ㄹ. 甲이 최근 1년 이내에 공인중개사법령을 위반하여 1회 과태료처분과 2회 업무정지 처분을 받고 다시 과태료처분에 해당하는 행위를 한 경우

ㅁ. 甲이 다른 사람에게 자기의 상호를 사용하여 중개업무를 하게 한 경우

ㅂ. 甲이 허용하는 인원수를 초과하여 중개보조원을 고용한 경우

① 1개   ② 2개   ③ 3개   ④ 4개   ⑤ 5개

62. 공인중개사법령상 중개사무소 개설등록을 취소할 수 있는 사유가 <u>아닌</u> 것은?

① 부당한 이익을 얻을 목적으로 거짓으로 거래가 완료된 것처럼 꾸미는 등 시세에 부당한 영향을 주거나 줄 우려가 있는 행위

② 둘 이상의 중개사무소를 둔 경우

③ 「독점규제 및 공정거래에 관한 법률」을 위반하여 공정거래위원회로부터 과징금 처분을 최근 2년 이내에 2회 받은 경우

④ 최근 1년 이내에 이 법에 의하여 2회의 업무정지처분을 받고 다시 과태료처분에 해당하는 행위를 한 경우

⑤ 중개사무소 개설등록을 하지 않고 중개업을 영위하는 자임을 알면서 그를 통하여 중개를 의뢰받은 경우

ㄱ. 공인중개사법이 아닌 다른 법률을 위반하여 300만원 이상의 벌금형을 선고받은 경우는 결격사유에 해당하지 않으므로 행정처분은 없다.
ㄴ. 결격사유이므로 절등취
ㄷ. 임등취
ㄹ. 과업업 + 과(위반) = 임등취
ㅁ. 절등취
ㅂ. 개공 및 소공을 합한 인원수의 5배수를 초과하여 중개보조원을 고용한 경우 : 절등취 & 1-1
61. ③ 절등취 : ㄴ, ㅁ, ㅂ

등록을 취소할 수 있는 사유가 아닌 것을 찾으라는 것은 순수 업무정지 사유를 고르라는 의미이다.
④ 과과, 과업, 업업 + 과(위반) = 순수 업무정지
①⑤ 금지행위는 임등취
62. ④

63. 공인중개사법령상 중개사무소 개설등록을 취소해야 하는 사유가 <u>아닌</u> 것은?

① 자격정지처분을 받은 소속공인중개사로 하여금 자격정지 기간 중에 중개업무를 하게 한 경우

② 이중으로 중개사무소의 개설등록을 한 경우

③ 손해배상책임을 보장하기 위한 조치를 이행하지 아니하고 업무를 개시한 경우

④ 다른 사람에게 자신의 상호를 사용하여 중개업무를 하게 한 경우

⑤ 최근 1년 이내에 이 법에 의하여 2회의 업무정지처분과 1회의 과태료처분을 받고 다시 업무정지처분에 해당하는 행위를 한 경우

---

64. 공인중개사법령상 공인중개사인 개업공인중개사에 대하여 업무정지처분을 할 수 있는 경우가 <u>아닌</u> 것은 모두 몇 개인가?

> ㄱ. 적정하게 거래계약서를 작성·교부하지 아니한 경우
>
> ㄴ. 하나의 거래계약에 대하여 서로 다른 둘 이상의 거래계약서를 작성한 경우
>
> ㄷ. 최근 1년 이내에 1회의 업무정지 또는 과태료 처분을 받고 다시 과태료처분 사유에 해당하는 행위를 한 경우
>
> ㄹ. 부동산거래정보망에 중개대상물의 정보를 거짓으로 공개한 경우
>
> ㅁ. 다른 개업공인중개사의 중개보조원이 된 경우

① 1개   ② 2개   ③ 3개   ④ 4개   ⑤ 5개

[이중등록, 이중소속, 이중사무소, 이중계약서]

① **이중**으로 중개사무소 개설**등록**을 한 자 : 절등취 및 1-1

② 둘 **이상**의 **중개**사무소에 **소속**된 자 = 이중소속
   개공(절등취&1-1), 소공(자격정지&1-1), 중개보조원(1-1)

③ 둘 이상의 중개**사**무소를 둔 자, **임**시중개시설물 : 임등취 & 1-1

④ 거래계약서 거짓 기재, 둘 계약서 : 임등취, 자격정지, 1-1(x)

> 보증설정 하지 않고 중개업무를 한 경우는 임등취
>
> 63. ③

> ㄱ. 아래는 모두 순수 업무정지
>   ‣ 전속중개계약서를 사용× 보존×
>   ‣ 확인·설명서 교부× 보존× 서명 및 날인×
>   ‣ 거래계약서 작성·교부× 보존× 서명 및 날인×
>
> ㄴ. 임등취 사유는 업무정지 사유에도 해당한다.
>
> ㄷ. 최근 1년 이내에 2회 업무정지 또는 과태료 처분을 받고 다시 과태료 사유를 위반한 경우 : 업무정지
>
> ㅁ. 다른 개공의 소공·보조원, 사원·임원이 된 경우는 이중소속을 한 경우이며 절대적 등록취소 사유이다. 절등취 사유는 업무정지 처분을 할 수 없다.
>
> 64. ② 업무정지 아닌 것 : ㄷ, ㅁ

65. 공인중개사법령상 개업공인중개사에 대한 등록취소에 관한 설명으로 옳은 것은?

① 등록관청은 2년간 폐업 후 재등록한 개업공인중개사에 대하여 폐업신고 전에 중개사무소등록증을 대여했던 것을 이유로 등록취소처분을 할 수 없다.

② 법인인 개업공인중개사의 해산으로 중개사무소 개설등록이 취소된 경우에는 중개사무소등록증을 반납할 의무가 없다.

③ 법인인 개업공인중개사에 대하여는 분사무소별로 업무정지처분을 할 수 있다.

④ 중개사무소 개설등록 기준에 미달하여 개설등록이 취소된 자는 그 등록이 취소된 날부터 3년 이내에 개업공인중개사가 될 수 없다.

⑤ 중개사무소 개설등록 취소처분을 받고도 간판을 철거하지 아니한 자에 대하여는 과태료를 부과한다.

66. 공인중개사법령상 개업공인중개사 甲에 대한 업무정지에 관한 설명으로 옳은 것은?

① 폐업신고 전의 甲에 대하여 행한 업무정지처분의 효과는 폐업신고일부터 1년간 재등록한 개업공인중개사에게 승계된다.

② 乙이 2022. 7. 1. 중개대상물 확인·설명서를 교부하지 않은 후, 2022. 10. 1. 폐업신고를 하였다가 2023. 11. 1. 다시 중개사무소의 개설등록을 하였다면, 등록관청은 업무정지처분을 할 수 있다.

③ 甲이 2022. 9. 21. 「공인중개사법」에 따른 업무정지처분을 받았으나 2022. 11. 12. 폐업신고를 하였다가 2023. 10. 25. 다시 중개사무소의 개설등록을 하였다면, 위 업무정지처분의 효과는 승계되지 않는다.

④ 업무정지처분은 그 사유가 발생한 날부터 2년이 경과한 때에는 이를 할 수 없다.

⑤ 업무정지의 기준은 대통령령으로 정한다.

---

① 아래 세 가지 비교

‣ 폐업기간이 3년을 초과한 경우 폐업 전의 위반사유로 등록취소처분을 할 수 없으며, 3년 이하인 경우 폐업 전의 사유로 등록취소처분을 할 수 있다.

‣ 폐업기간이 1년을 초과한 경우 폐업 전의 위반사유로 업무정지처분을 할 수 없으며, 1년 이하인 경우 폐업 전의 사유로 업무정지처분을 할 수 있다.

‣ 업무정지처분은 그 사유가 발생한 날부터 3년이 경과한 때에는 이를 할 수 없다.

② 법인인 개공의 해산 → 등록취소 : 대표자이었던 자가 등록취소 후 7일 이내에 등록증을 반납해야 한다.

③ 법인인 개업공인중개사에 대하여는 법인 또는 분사무소별로 업무정지처분을 할 수 있다. (○)

④ 등록기준 미달로 개설등록이 취소된 경우는 결격사유에 해당하지 않으므로 언제든지 기준을 다시 갖추어 개설등록을 할 수 있다.

⑤ 간판을 철거하지 아니한 경우 과태료는 없으며 행정대집행을 할 수 있다.

65. ③

① 폐업신고일부터 1년간 → 처분일부터 1년간

② 폐업기간이 1년을 초과한 경우 폐업 전의 사유로 업무정지처분을 할 수 없다.

③ 업무정지 처분일부터 1년이 지난 후 재등록한 경우이므로 폐업 전에 받은 업무정지처분은 재등록한 개공에게 승계되지 않는다.

④ 업무정지처분은 그 사유가 발생한 날부터 2년이 경과한 때에는 이를 할 수 있고, 3년이 경과한 때에는 이를 할 수 없다.

⑤ 자격정지 및 업무정지기준은 국토교통부령, 과태료기준은 대통령령으로 정한다.

66. ③

67. 공인중개사법 시행규칙 별표 4에 규정된 개업공인중개사에 대한 업무정지의 기준기간으로 옳은 것은 모두 몇 개인가?

위반행위	업무정지 기준
ㄱ. 중개대상물 확인·설명서를 교부하지 아니한 경우	6개월
ㄴ. 중개보조원이 결격사유에 해당하고 이를 2개월 이내에 해소하지 아니한 경우	3개월
ㄷ. 등록하지 않은 인장을 중개행위에 사용한 경우	3개월
ㄹ. 최근 1년 이내에 2회의 과태료처분을 받고 다시 과태료 처분 사유를 위반한 경우	6개월
ㅁ. 부동산거래정보망에 중개대상물에 관한 정보를 거짓으로 공개한 경우	3개월

① 1개   ② 2개   ③ 3개   ④ 4개   ⑤ 5개

68. 공인중개사법령상 벌칙의 법정형이 같은 것끼리 모두 고른 것은?

> ㄱ. 다른 사람에게 자기의 성명을 사용하여 중개업무를 하게 한 자
>
> ㄴ. 중개의뢰인과 직접 거래를 한 자
>
> ㄷ. 개업공인중개사 아닌 자로서 중개업을 하기 위해 중개대상물의 표시·광고를 한 자
>
> ㄹ. 거래정보사업자로서 개업공인중개사에 따라 정보가 차별적으로 공개되도록 한 자
>
> ㅁ. 단체를 구성하여 단체 구성원 이외의 자와 공동중개를 제한하는 행위를 한 자

① ㄱ, ㄴ
② ㄱ, ㄷ, ㄹ
③ ㄱ, ㄹ, ㅁ
④ ㄴ, ㄷ, ㅁ
⑤ ㄷ, ㄹ, ㅁ

[업무정지 기준기간] - 국토교통부령

① 임등취 사유를 최근 1년 이내에 1회 위반한 경우(6)

② 최근 1년 이내에 2회 이상 업무정지 또는 과태료의 처분을 받고 다시 과태료의 처분에 해당하는 행위를 한 경우(6)

③ 결격사유에 해당하는 자를 소공 또는 중개보조원으로 두었으나 그 사유를 2개월 이내에 해소하지 않은 경우(6)

④ 정보망에 중개대상물에 관한 정보를 거짓으로 공개한 경우(6), 중개대상물의 거래가 완성된 사실을 거래정보사업자에게 지체 없이 통보하지 아니한 경우(3)

⑤ 전속중계약서를 사용하지 않거나 보존하지 아니한 경우(3)

⑥ 확인·설명서 교부× 보존× 서명 및 날인×(3)

⑦ 거래계약서 작성·교부× 보존× 서명 및 날인×(3)

⑧ 조사 또는 검사를 거부·방해 또는 기피하거나 그 밖의 명령을 이행하지 아니하거나 거짓으로 보고 또는 자료제출(3)

⑨ 인장등록×, 등록하지 아니한 인장을 사용한 경우(3)

ㄱ. 3개월   ㄴ. 6개월   ㅁ. 6개월

67. ② 옳은 것은 ㄷ, ㄹ

ㄱ, ㄷ, ㄹ : 1-1   ㄴ, ㅁ : 3-3

68. ②

69. 공인중개사법령상 과태료 처분대상자, 부과금액 기준, 부과권자가 옳게 연결된 것은?

① 정당한 사유 없이 연수교육을 받지 않은 개업공인중개사 - 500만원 이하 - 등록관청

② 중개업무를 보조함에 있어서 중개보조원임을 알리지 아니한 자 - 500만원 이하 - 시·도지사

③ 휴업기간의 변경신고를 하지 않은 자 - 100만원 이하 - 등록관청

④ 중개대상물에 대하여 부당한 표시·광고를 한 자 - 500만원 이하 - 국토교통부장관

⑤ 정당한 사유 없이 표시·광고 모니터링의 관련 자료 제출요구에 따르지 아니하여 관련 자료를 제출하지 아니한 자 - 500만원 이하 - 등록관청

70. 공인중개사법령상 벌금부과기준에 해당하는 것은 모두 고른 것은?

ㄱ. 정당한 사유 없이 개업공인중개사의 중개대상물에 대한 정당한 표시·광고 행위를 방해하는 행위를 한 자
ㄴ. 중개대상물이 존재하지만 실제로 중개할 의사가 없는 중개대상물에 대한 표시·광고를 한 자
ㄷ. 개업공인중개사에게 중개대상물을 시세보다 현저하게 높게 표시·광고하도록 유도하는 행위를 한 자
ㄹ. 중개대상물의 가격 등 내용을 사실과 다르게 거짓으로 표시·광고하거나 사실을 과장되게 하는 표시·광고를 한 자

① ㄱ, ㄴ   ② ㄱ, ㄷ   ③ ㄴ, ㄷ
④ ㄴ, ㄹ   ⑤ ㄷ, ㄹ

---

69. ① 시·도지사   ② 등록관청   ④ 등록관청
    ⑤ 국토교통부장관

70. ㄱ, ㄷ : 3년 이하의 징역 또는 3천만원 이하의 벌금
    ㄴ, ㄹ : 500만원 이하의 과태료
               69. ③   70. ②

[100만원 이하의 과태료]

① 중개사무소 이전신고를 하지 아니한 자 - 30만원

② 손해배상책임에 관한 내용을 설명하지 않거나, 보증관계증서 사본 또는 전자문서를 교부하지 아니한 자 - 30만원

③ 등록증 등을 게시하지 아니한 자 - 30만원

④ 자격취소 후 자격증 반납×, 사유서 제출×, 또는 거짓으로 반납할 수 없는 사유서 제출한 자 - 30만원

⑤ 등록취소 후 등록증을 반납하지 아니한 자 - 50만원

⑥ 휴업, 폐업, 재개, 휴업기간 변경신고 하지 아니한 자 - 20만원

⑦ 중개대상물 표시·광고에서 중개사무소 및 개업공인중개사에 관한 사항을 표시하지 않은 자, 중개보조원 명시한 자 - 50만원

⑧ 사무소의 명칭에 "공인중개사사무소", "부동산중개"라는 문자를 사용하지 않거나 옥외 광고물에 성명을 표기하지 아니하거나 허위로 표기한 개업공인중개사 - 50만원

⑨ 부칙상 개공이 "공인중개사사무소" 문자 사용한 경우 - 50만원

▸ 과태료의 부과기준은 <u>대통령령</u>으로 정한다.

▸ 이보게 자격증(①~④) 30만, 폐업과 그 친구들(⑥) 20만
등 광고 문자 문자(⑤⑦⑧⑨) 50만

[500만원 이하의 과태료]

① 시·도지사 - 개공, 소공 : 정당한 사유 없이 연수교육 받지 않은 자

② 등록관청 - 중개보조원임을 의뢰인에게 **알리지** 아니한 자 및 개업공인중개사(개공이 상당한 주의·감독한 경우×)

③ 등록관청 - 개공 : 부당한 표시·광고를 한 자

④ 등록관청 - 개공 : 성실·정확 확인·설명× 근거자료 제시×

⑤ 국장 - 정보통신서비스 제공자 : 모니터링

⑥ 국장 - 정보통신서비스 제공자 : 모니터링

⑦ 국장 - 거래정보사업자 : 운영규정의 승인× 변경승인× 운영규정 위반한 경우

⑧ 국장 - 거래정보사업자 : 감독상 명령에 불응한 경우

⑨ 국장 - 협회 : 공제사업 운용실적 공시×

⑩ 국장 - 협회 : 감독상 명령에 불응한 경우

⑪ 국장 - 협회 : 임원에 대한 징계·해임 요구 또는 시정명령을 이행하지 않은 경우

⑫ 국장 - 협회 : 금융감독원장의 공제사업에 관한 조사 또는 검사에 불응한 경우

⑬ 국장 - 협회 : 공제사업 개선명령을 이행하지 않은 경우

71. 부동산 거래신고 등에 관한 법령상의 부동산 거래신고를 해야 하는 경우는 모두 몇 개인가?

ㄱ. 빈집 및 소규모주택 정비에 관한 특례법에 따른 부동산의 공급계약을 통하여 부동산을 공급받는 자로 선정된 지위의 매매계약

ㄴ. 빈집 및 소규모주택 정비에 관한 특례법에 따른 사업시행계획의 인가로 취득한 입주자로 선정된 지위의 매매계약

ㄷ. 건축법에 따른 부동산의 공급계약

ㄹ. 입목에 관한 법률에 따른 입목의 매매계약

ㅁ. 부동산의 교환계약

ㅂ. 민사집행법에 따른 경매로 취득한 토지의 매매계약

ㅅ. 공공주택 특별법에 따라 공급된 주택의 임대차계약

① 1개　② 2개　③ 3개　④ 4개　⑤ 5개

72. 부동산 거래신고 등에 관한 법령상 「주택법」상 조정대상지역에 소재하는 甲 소유 X주택을 乙이 7억원에 매수하는 계약을 체결하고 甲과 乙이 신고 또는 별지로 첨부해야 할 사항은 모두 몇 개인가? (단, 甲은 「지방공기업법」에 따른 지방공사이고 乙은 자연인임)

ㄱ. 계약의 조건이 있는 경우에는 그 조건

ㄴ. X주택의 권리관계

ㄷ. 乙의 자금의 조달계획 및 지급방식

ㄹ. 乙의 자금의 조달계획을 증명하는 서류

ㅁ. 공법상 이용제한 및 거래규제에 관한 사항

ㅂ. 乙 본인이 X주택에 입주할지 여부

ㅅ. 계약 체결일, 중도금 지급일 및 잔금 지급일

① 1개　② 2개　③ 3개　④ 4개　⑤ 5개

1. **부동산** : 토지, 건축물(미등기 건물, 무허가 건물 포함)
2. **부동산을 취득할 수 있는 권리**

> ‣ 주택법
> ‣ 도시 및 주거환경정비법
> ‣ 건축물의 분양에 관한 법률
> ‣ 택지개발촉진법
> ‣ 도시개발법
> ‣ 공공주택 특별법
> ‣ 산업입지 및 개발에 관한 법률
> ‣ 빈집 및 소규모주택 정비에 관한 특례법

㉠ 위 법률에 따른 부동산에 대한 공급계약
㉡ 위 공급계약을 통하여 부동산을 공급받는 자로 선정된 지위의 매매계약
㉢ 도시 및 주거환경정비법에 따른 관리처분계획의 인가로 취득한 입주자로 선정된 지위의 매매계약
㉣ 빈집 및 소규모주택 정비에 관한 특례법에 따른 사업시행계획의 인가로 취득한 입주자로 선정된 지위의 매매계약

71. ③ ㄱ, ㄴ, ㅂ

‣ 공인중개사법령상 중개대상물의 매매계약을 체결한 때에는 모두 부동산거래신고를 해야 한다. (×)　입·광·공(×)

‣ 교환(×) 증여(×) 임대차(×)

‣ **건축법**에 따른 부동산의 공급계약 : 신고(×)

[공통신고사항]
1. 거래당사자의 인적사항
2. 개업공인중개사가 거래계약서를 작성·교부한 경우
   ㉠ 개업공인중개사의 인적사항
   ㉡ 중개사무소의 상호·전화번호 및 소재지
3. 계약 체결일·중도금 지급일 및 잔금 지급일
4. 계약의 조건이나 기한이 있는 경우에는 그 조건 또는 기한
5. 거래대상 부동산등의 종류
6. 거래대상 부동산등의 소재지·지번·지목 및 면적
7. 실제 거래가격

[법인 외의 자가 자금조달 및 입주계획을 신고하는 경우]
*비규제지역 6억 이상 주택, 투기과열지구(조정대상지역) 내의 주택의 경우 아래의 내용을 추가로 신고해야 한다. 단, 매수인이 국가등인 경우는 제외
1. 자금의 조달계획 및 지급방식. 투기과열지구에 소재하는 주택의 자금의 조달계획을 증명하는 서류 첨부
2. 매수자 본인이 입주할지 여부, 입주 예정 시기 등 주택의 이용계획

72. ④ ㄱ, ㄷ, ㅂ, ㅅ

72-1. 부동산 거래신고 등에 관한 법령상 甲이 토지의 취득에 필요한 자금의 조달계획을 신고관청에 신고해야 하는 경우는 모두 몇 개인가? (단, 甲, 乙, 丙, 丁은 자연인이고 戊는 「지방공기업법」에 따른 지방직영기업이며 해당 토지는 토지거래허가구역 외의 지역에 소재하는 나대지임)

ㄱ. 甲이 특별시에 소재하는 乙 소유 토지를 1억원에 매수하는 경우

ㄴ. 甲이 광역시에 소재하는 丙 소유 토지의 지분을 7천만원에 매수하는 경우

ㄷ. 甲이 수도권등 외의 지역에 소재하는 丁 소유 토지를 5억원에 매수하는 경우

ㄹ. 甲이 세종특별자치시에 소재하는 戊 소유의 토지를 8개월 전에 5천만원에 매수하였다가 다시 종전에 매수한 토지와 맞닿은 戊 소유 토지를 7천만원에 추가로 매수하는 경우

---

① 없음 ② 1개 ③ 2개 ④ 3개 ⑤ 4개

73. 부동산 거래신고 등에 관한 법령상의 부동산 거래신고에 관한 설명으로 옳은 것은 모두 몇 개인가?

ㄱ. 「지방공기업법」에 따른 지방공단과 개인이 직접 매매계약을 체결한 경우 거래당사자는 공동으로 부동산 거래신고를 해야 한다.

ㄴ. 부동산 거래신고를 하려는 개업공인중개사는 부동산거래계약 신고서에 서명 또는 날인을 하여 관할 등록관청에 제출해야 한다.

ㄷ. 개업공인중개사가 「공인중개사법」에 따라 거래계약서를 작성·교부하고 거래당사자가 부동산 거래신고를 한 경우 개업공인중개사는 신고의무가 없다.

ㄹ. 국토교통부장관은 부동산 거래신고를 받은 내용의 확인을 위하여 신고내용조사를 직접 실시할 수 있다.

ㅁ. 신고관청은 신고내용의 조사결과를 매월 1회 국토교통부장관에게 직접 보고해야 한다.

---

① 1개 ② 2개 ③ 3개 ④ 4개 ⑤ 5개

[토지의 취득에 필요한 자금의 조달계획 및 이용계획을 추가로 신고해야 하는 경우]

■ 수도권등(수도권, 광역시, 세종시) : 1억원 이상 토지. 단, 지분 매수의 경우 모든 가격의 토지

■ 수도권등 외의 지역 : 6억원 이상 토지(지분으로 매수하는 경우에도 6억원 이상의 토지)

▫ 매수인이 국가등인 경우 및 토지거래허가구역 내의 허가대상 토지는 제외한다.

▫ 사용승인을 받은 건축물이 소재하는 필지가격은 거래가격에서 제외한다.

▫ 신고 대상 토지거래계약 체결일부터 역산하여 1년 이내에 매수한 다른 토지(서로 맞닿은 토지)가 있는 경우에는 그 토지 가격을 거래가격에 합산한다.

72-1. ④ ㄱ, ㄴ, ㄹ

ㄱ. 일방이 <u>국가, 공공기관, 지방자치단체, 지방직영기업, 지방공사, 지방공단</u>인 경우에는 부동산거래계약 신고서에 <u>국가등이 단독으로 서명 또는 날인</u>을 하여 제출해야 한다. 다른 상대방은 신고의무가 없다.

ㄴ. <u>부동산등의 소재지를 관할하는 시장</u>(구가 설치되지 아니한 시의 시장, 특별자치시장, 특별자치도 행정시장)·군수 또는 구청장 = 신고관청

ㄷ. 개업공인중개사가 계약체결일부터 30일 이내에 신고해야 하며 거래당사자는 신고의무가 없다.

ㄹ. <u>국토교통부장관</u>은 신고내용조사를 <u>직접 또는 신고관청과 공동으로 실시</u>할 수 있다.

ㅁ. 신고관청은 신고 내용 조사결과를 시·도지사에게 보고해야 하며, 시·도지사는 신고관청이 보고한 내용을 취합하여 매월 1회 국토교통부장관에게 보고해야 한다.

73. ① 옳은 것 : ㄹ

74. 부동산 거래신고 등에 관한 법령상의 부동산 거래신고에 관한 설명으로 옳은 것은 모두 몇 개인가?

> ㄱ. 지방자치단체가 개업공인중개사의 중개로 토지의 매매계약을 체결한 경우, 개업공인중개사가 부동산거래계약 신고서에 서명 또는 날인하여 신고관청에 제출해야 한다.
>
> ㄴ. 국가와 개인이 직접 토지의 매매계약을 체결한 경우 국가가 부동산거래계약 신고서에 단독으로 서명 또는 날인을 하여 신고관청에 제출해야 한다.
>
> ㄷ. 매수인이 「주택법」상 투기과열지구에 소재하는 주택을 5억원에 매수하는 경우 부동산거래계약 신고서를 제출할 때 매도인과 매수인이 공동으로 서명 또는 날인한 별지 서식의 자금조달·입주계획서를 신고관청에 함께 제출해야 한다.
>
> ㄹ. 개업공인중개사의 위임을 받은 소속공인중개사가 부동산거래계약 신고서의 제출을 대행하는 경우, 소속공인중개사는 신분증명서를 신고관청에 보여줘야 한다.
>
> ㅁ. 개업공인중개사가 부동산 거래신고를 하고 신고필증을 발급받을 때 매수인은 「부동산등기 특별조치법」에 따른 검인을 받은 것으로 본다.

① 1개   ② 2개   ③ 3개   ④ 4개   ⑤ 5개

75. 부동산 거래신고 등에 관한 법령상 부동산 거래계약신고서의 신고대상에 따른 작성 방법이 옳은 것은 몇 개인가?

> ㄱ. 공급계약은 부동산을 취득할 수 있는 권리의 매매로서, "분양권" 또는 "입주권"에 표시한다.
>
> ㄴ. 공급계약(전매계약) 외의 거래대상의 경우, 물건별 거래가격 및 총 실제거래가격에 부가가치세를 포함한 금액을 적는다.
>
> ㄷ. 거래당사자가 다수인 경우 매수인 또는 매도인의 주소란에 각자의 거래 지분 비율을 표시한다.
>
> ㄹ. 대지권 비율은 등기사항증명서를 확인하여 적는다.
>
> ㅁ. 계약대상 면적에는 실제 거래면적을 계산하여 적되, 건축물 면적은 집합건축물 외의 건축물의 경우 연면적을 적는다.
>
> ㅂ. 종전 부동산란은 분양권 매매의 경우에만 작성한다.

① 1개   ② 2개   ③ 3개   ④ 4개   ⑤ 5개

> ㄷ. 매수인이 단독으로 서명 또는 날인한 별지 서식의 자금조달·입주계획서를 함께 제출해야 한다.
>
> ㅁ. 거래당사자가 공동신고, 국가등이 단독으로 신고, 매수인이 신고를 거부하여 매도인이 단독으로 신고하고 매도인이 신고필증을 발급받든, 개업공인중개사가 신고하여 신고필증을 발급받든 매수인은 「부동산등기 특별조치법」에 따른 검인을 받은 것으로 본다.
>
> 74. ④ 틀린 것 : ㄷ

> ㄱ. **공급계약**은 시행사 또는 건축주등이 최초로 부동산을 공급(분양)하는 계약을 말하며, 준공 전과 준공 후 계약 여부에 따라 표시하고, **전매**는 부동산을 취득할 수 있는 권리의 매매로서, "분양권" 또는 "입주권"에 표시를 합니다.
>
> ㄴ. **공급계약(분양) 또는 전매계약(분양권, 입주권)**인 경우 물건별 거래가격 및 총 실제거래가격에 **부가가치세를 포함한 금액**을 적고, **그 외의 거래대상의 경우 부가가치세를 제외한** 금액을 적습니다.
>
> ㅁ. 집합건축물의 경우 전용면적, 그 밖의 건축물의 경우 연면적을 적는다.
>
> ㅂ. 종전 부동산란은 입주권 매매의 경우만 작성한다.
>
> 75. ③ 옳은 것 ㄷ, ㄹ, ㅁ

76. 부동산 거래신고 등에 관한 법령상 부동산 거래계약 정정신청을 할 수 있는 항목은 모두 몇 개인가?

> ㄱ. 매수인의 성명이 잘못 기재된 경우
>
> ㄴ. 건축물의 종류가 잘못 기재된 경우
>
> ㄷ. 개업공인중개사의 상호가 잘못 기재된 경우
>
> ㄹ. 부동산등의 거래 지분이 잘못 기재된 경우
>
> ㅁ. 거래가격이 잘못 기재된 경우

① 1개 ② 2개 ③ 3개 ④ 4개 ⑤ 5개

76-1. 부동산 거래신고 등에 관한 법령상 부동산 거래계약에 대한 변경신고를 할 수 있는 것은 모두 몇 개인가?

> ㄱ. 계약의 조건이 변경된 경우
>
> ㄴ. 잔금이 변경된 경우
>
> ㄷ. 매수인들의 거래 지분 비율이 변경된 경우
>
> ㄹ. 거래가격이 변경된 경우
>
> ㅁ. 공동매수의 경우에서 매수인 중 일부가 교체되는 경우

① 1개 ② 2개 ③ 3개 ④ 4개 ⑤ 5개

[정정신청]

- 전화번호 또는 휴대전화번호, 주소
- 개공의 상호 또는 사무소 소재지
- 거래 지분 비율, 대지권비율
- 건축물의 종류
- 부동산등의 지목, 거래 지분, 면적

[변경신고]

- 거래 지분 비율   · 거래 지분   · 부동산등의 면적
- 조건 또는 기한   · 거래가격
- 중도금 및 지급일   · 잔금 및 지급일
- 공동매수의 경우 매수인 중 일부가 제외되는 경우만
- 다수 부동산등에서 일부가 제외되는 경우만

▸ <u>거래당사자의 주소·(휴대)</u>전화번호 : 거래당사자 일방이 단독으로 서명 또는 날인하여 정정을 신청할 수 있다.

▸ 부동산등의 면적 변경이 없는 상태에서 거래가격이 변경된 경우에는 변경 신고서에 거래계약서 사본 등 그 사실을 증명할 수 있는 서류를 첨부해야 한다.

▸ 공급계약(전매)에서 <u>거래가격 중 분양가격 및 선택품목</u>은 거래당사자 일방이 단독으로 변경신고를 할 수 있으며 <u>거래계약서 사본 등 이를 증명할 수 있는</u> 첨부해야 한다.

▸ 성명, 주민등록번호, 법인명, 법인등록번호 정정신청×

▸ 소재지 · 지번(×)

▸ 거래가격, 중도금, 잔금 : 정정신청×

76. ③ 정정신청 가능 : ㄴ, ㄷ, ㄹ

76-1. ④ 변경신고 가능 : ㄱ, ㄴ, ㄷ, ㄹ

77. 부동산 거래신고 등에 관한 법령상 부동산 거래계약의 해제등신고에 관한 설명으로 옳은 것은 몇 개인가?

ㄱ. 개업공인중개사가 부동산 거래신고를 한 계약이 해제된 경우에는 개업공인중개사가 신고관청에 해제등 신고를 해야 한다.

ㄴ. 부동산거래계약시스템을 통하여 부동산 거래계약 해제등을 한 경우, 거래당사자는 해제등이 확정된 날부터 30일 이내에 해당 신고관청에 공동으로 신고해야 한다.

ㄷ. 부동산 거래의 해제등 신고를 하지 아니한 자에 대하여는 3천만원 이하의 과태료를 부과한다.

ㄹ. 신고관청은 부동산 거래신고 후 해당 계약이 해제등이 되지 아니하였음에도 불구하고 거짓으로 해제등의 신고를 한 사실을 자진 신고한 자에 대하여 해당 과태료를 감경 또는 면제할 수 있다.

① 없음 ② 1개 ③ 2개 ④ 3개 ⑤ 4개

78. 부동산 거래신고 등에 관한 법령상 주택임대차 계약의 신고에 관한 설명으로 옳은 것은 몇 개인가?(주택은 「주택임대차보호법」에 따른 주택을 말하며 주택임대차 계약서를 작성하였음)

ㄱ. 보증금 5천만원, 월차임 30만원인 주택임대차 계약은 신고대상에 포함된다.

ㄴ. 해당 주택이 광역시의 군에 소재한 경우 신고대상에 포함되지 않는다.

ㄷ. 임대차계약서가 제출된 주택 임대차 계약의 신고의 접수를 완료한 때에는 「주택임대차보호법」에 따른 확정일자를 부여한 것으로 본다.

ㄹ. 주택 임대차 계약을 신고한 후 해당 임대차 계약의 보증금 또는 차임이 변경된 때에는 변경된 날부터 30일 이내에 신고관청에 신고해야 한다.

ㅁ. 주택 임대차 계약의 신고를 거짓으로 한 자에 대하여는 100만원 이하의 과태료를 부과한다.

ㅂ. 거래당사자 중 일방이 지방자치단체인 경우, 지방자치단체가 단독으로 임대차 계약의 신고를 해야 한다.

① 1개 ② 2개 ③ 3개 ④ 4개 ⑤ 5개

ㄱ. 해제등신고 의무자는 거래당사자이며 개업공인중개사의 의무가 아니다.

ㄴ. 부동산거래계약시스템을 통하여 부동산 거래계약 해제등을 한 경우 해제등신고서를 제출한 것으로 본다.

ㄷ. 해제등신고를 하지 않은 자 : 500만원 이하 과태료 해제등이 되지 않았음에도 불구하고 거짓으로 해제등신고를 한 자 : 3년 이하 징역 또는 3천만원 이하의 벌금 / 형벌을 받지 않는 경우에는 3천만원 이하의 과태료를 부과한다.

ㄹ. 3,000만원 이하 과태료 사유는 자진신고에 따른 과태료의 감면사유가 아니다.

77. ①

ㄱ. 보증금이 6천만원을 초과하거나 월 차임이 30만원을 초과하는 임대차 계약이 신고대상이다.

ㄴ. 군에 소재하는 주택의 경우 광역시 및 경기도의 관할구역에 있는 군에 소재하는 주택만 신고대상에 포함된다.

ㅁ. 주택 임대차 계약의 신고 또는 변경·해제 신고를 하지 아니하거나(공동신고를 거부한 자를 포함한다) 그 신고를 거짓으로 한 자 : 100만원 이하의 과태료

78. ④ 옳은 것은 ㄷ, ㄹ, ㅁ, ㅂ

78-1. A광역시 B군에 소재하는 甲 소유 X건물을 乙이 보증금 3천만원, 월차임 50만원에 주거용으로 임차하는 계약을 개업공인중개사 丙이 중개하고 계약서를 작성하였다. 丙이 「부동산 거래신고 등에 관한 법령」상 주택임대차계약의 신고에 관하여 甲과 乙에게 설명한 내용으로 옳은 것은? (단, 甲과 乙은 자연인임)

① X건물이 건축물대장상 주거용이 아닌 경우에는 주택 임대차 계약의 신고의무가 없다.

② 丙이 계약체결일부터 30일 이내에 B군 군수에게 임대차 계약의 신고를 해야 한다.

③ 임대차 계약의 신고를 해야 할 사항에는 丙의 중개사무소 상호·전화번호·소재지가 포함되어야 한다.

④ 주택 임대차 계약을 신고한 후 해당 임대차 계약이 해제된 경우에는 별도의 해제신고를 할 의무는 없다.

⑤ 乙이 「주민등록법」에 따라 전입신고를 하는 경우 주택 임대차 계약의 신고를 한 것으로 본다.

---

① 주택임대차보호법에 따른 주택은 모두 신고대상이다.
② 임대차계약의 신고의무자는 임대차계약의 당사자이며 개업공인중개사는 임대차계약의 신고의무가 없다.
③ 권리관계(X), 공법상 제한(X), 개공의 인적사항 및 중개사무소의 상호·전화번호·소재지(X)
④ 임대차계약 당사자는 주택 임대차 계약을 신고한 후 해당 임대차 계약의 보증금, 차임 등 임대차 가격이 변경되거나 임대차 계약이 해제된 때에는 <u>변경 또는 해제가 확정된 날부터 30일 이내에</u> 해당 신고관청에 공동으로 신고하여야 한다.

78-1. ⑤

78-2. 부동산 거래신고 등에 관한 법령상 신고관청에 자진신고를 하여 과태료를 감경 또는 면제받을 수 있는 사유는 모두 몇 개인가?

ㄱ. 부동산 거래신고에 대하여 거짓신고를 조장하거나 방조한 자

ㄴ. 거래대금지급을 증명할 수 있는 자료를 제출하지 아니하거나 거짓으로 제출한 자

ㄷ. 외국인등으로서 계약 외로 인한 부동산등 취득신고를 하지 아니하거나 거짓으로 신고한 자

ㄹ. 매매계약을 체결하지 아니하였음에도 불구하고 거짓으로 부동산 거래신고를 한 자

ㅁ. 신고의무자가 아닌 자로서 거짓된 내용의 부동산거래신고를 한 자

① 1개　② 2개　③ 3개　④ 4개　⑤ 5개

[자진신고를 하여 과태료를 감면받을 수 있는 사유]

[500만 이하 과태료]
아 아 조 왜 요

[취득가액의 100분 10 이하 과태료]
거짓신고, 신고의무자 아닌 자 거짓신고

[300 이하 과태료]
외국인등으로서 계약 신고× 거짓신고

[100 이하 과태료]
외국인등 계약 외, 외국인등 계속보유, 주택 임대차

[자진신고 과태료 감면사유×] 외 삼천

▸ 500 이하 과태료 : 거래대금지급증명자료 외의 자료

▸ 3,000 이하 과태료 : 매매× 불구하고 거짓으로 거래신고, 해제× 불구하고 거짓으로 해제신고, 거래대금지급증명자료

▸ 조사가 시작되기 전 자진신고 : 과태료 면제
▸ 조사가 시작된 후 자진신고 : 과태료의 100분의 50 감경
▸ 자진 신고한 날부터 과거 1년 이내에 자진 신고를 하여 3회 이상 과태료의 감경 또는 면제를 받은 경우 → 감면×

78-2. ③ 감면사유 : ㄱ, ㄷ, ㅁ

79. 부동산 거래신고 등에 관한 법령상 개업공인중개사가 국내 부동산등을 취득하려는 외국인등에게 설명한 것으로 옳은 것은 모두 몇 개인가?

> ㄱ. 비정부간 국제기구가 「야생생물 보호 및 관리에 관한 법률」에 따른 야생생물 특별보호구역 내의 토지에 관하여 허가 없이 체결한 토지취득계약은 효력이 없다.
>
> ㄴ. 대한민국 국적을 보유하고 있지 아니한 자가 토지를 증여받고 이를 거짓으로 신고한 경우 100만원 이하의 과태료를 부과한다.
>
> ㄷ. 준정부간 기구가 건축물의 신축으로 부동산을 취득한 경우 취득한 날부터 60일 이내에 신고관청에 신고해야 한다.
>
> ㄹ. 외국정부가 「자연환경보전법」에 따른 생태·경관보전지역 내의 토지를 취득하려는 경우 계약을 체결하기 전에 국토교통부장관의 허가를 받아야 한다.
>
> ㅁ. 외국의 법령에 따라 설립된 단체가 의결권의 2분의 1 이상을 가지고 있는 단체는 외국인등에 해당한다.

① 1개 ② 2개 ③ 3개 ④ 4개 ⑤ 5개

ㄴ. 교환, 증여계약으로 취득 : 계약일 60일 300과태료
ㄷ. 건축물의 신축·증축·개축·재축 → 계약 외 : 취득일부터 6개월 이내에 신고, 100만 이하 과태료
ㄹ. 신고관청의 허가를 받아야 한다.

79. ② 옳은 것 : ㄱ, ㅁ

80. 부동산 거래신고 등에 관한 법령상 개업공인중개사가 국내 부동산등을 취득하려는 외국인에게 설명한 것으로 **틀린** 것은?

① 정부간 기구가 토지 취득의 허가신청서를 제출하는 경우 토지 거래계약 당사자 간의 합의서를 첨부해야 한다.

② 허가를 받지 아니하고 토지취득계약을 체결하거나 부정한 방법으로 허가를 받아 토지취득계약을 체결한 외국인은 300만원 이하의 과태료를 부과한다.

③ 국제연합의 산하기구가 「군사기지 및 군사시설 보호법」에 따른 군사시설보호구역 내의 토지에 대하여 허가관청으로부터 토지거래계약의 허가를 받은 경우에는 토지취득계약을 체결하기 전에 신고관청으로부터 토지취득의 허가를 받지 않아도 된다.

④ 토지취득의 허가신청을 받은 신고관청은 허가신청을 받은 날부터 15일 이내에 허가 또는 불허가의 처분을 해야 한다.

⑤ 비정부간 국제기구가 증여로 부동산등을 취득하고 신고서를 제출하는 때에는 증여계약서를 첨부해야 한다.

허가를 받지 아니하고 토지취득계약을 체결하거나 부정한 방법으로 허가를 받아 토지취득계약을 체결한 외국인은 2년 이하의 징역 또는 2천만원 이하의 벌금에 처한다.

[신고서 또는 허가신청서 첨부서류]

1. 부동산등의 취득신고를 하는 경우

> ㉠ 증여의 경우 : 증여계약서(교환계약서 제출 ×)
> ㉡ 상속의 경우 : 상속인임을 증명할 수 있는 서류
> ㉢ 경매의 경우 : 경락결정서
> ㉣ 법원의 확정판결의 경우 : 확정판결문
> ㉤ 환매권 행사의 경우 : 환매임을 증명할 수 있는 서류
> ㉥ 법인의 합병의 경우 : 합병사실을 증명할 수 있는 서류

2. 부동산등 계속보유 신고를 하는 경우 : 외국인등으로 변경되었음을 증명할 수 있는 서류

3. 토지 취득 허가를 신청하는 경우 : 토지 거래계약 당사자 간의 합의서

80. ②

81. 부동산 거래신고 등에 관한 법령상 토지거래 허가구역의 지정에 관한 설명으로 <u>틀린</u> 것은?

① 허가구역이 둘 이상의 시·도의 관할 구역에 걸쳐 있는 경우 국토교통부장관이 허가구역을 지정한다.

② 국토교통부장관은 허가구역의 지정·공고내용을 시·도지사를 거쳐 시장·군수 또는 구청장에게 통지해야 한다.

③ 허가구역의 지정기간은 5년 이내로 한다.

④ 시·도지사는 허가구역을 지정하려면 시·도 도시계획위원회의 심의 전에 미리 시장·군수 또는 구청장의 의견을 들어야 한다.

⑤ 허가구역의 지정은 지정권자가 그 지정을 공고한 날부터 5일 후에 그 효력이 발생한다.

82. 부동산 거래신고 등에 관한 법령상 토지거래 허가구역의 지정, 해제, 축소에 관한 설명으로 옳은 것은 몇 개인가?

> ㄱ. 시·도지사는 지정기간이 끝나는 허가구역을 계속하여 다시 허가구역으로 지정하려면 시·도도시계획위원회의 심의 전에 미리 시장·군수 또는 구청장의 의견을 들어야 한다.
>
> ㄴ. 국토교통부장관은 허가구역의 지정사유가 없어졌다고 인정되는 경우 중앙도시계획 위원회의 심의를 거치지 않고 허가구역의 지정을 해제할 수 있다.
>
> ㄷ. 시·도지사는 허가구역을 지정하여 공고한 때에는 그 내용을 국토교통부장관, 시장·군수 또는 구청장에게 통지해야 한다.
>
> ㄹ. 시·도지사는 허가구역을 지정·공고한 때에는 그 공고 내용을 지체 없이 그 허가구역을 관할하는 등기소장에게 통지해야 한다.
>
> ㅁ. 허가구역 지정해제, 축소의 공고내용을 통지받은 시장·군수 또는 구청장은 이를 지체 없이 7일 이상 공고하고, 그 공고 내용을 15일간 일반이 열람할 수 있도록 해야 한다.

① 1개　② 2개　③ 3개　④ 4개　⑤ 5개

※ 국토교통부장관 또는 시·도지사는 허가구역을 지정한 때에는 지체 없이 다음의 사항을 공고해야 한다.
　㉠ 지정기간
　㉡ 소재지, 지번, 지목, 면적 및 용도지역
　㉢ 축척 5만분의 1 또는 2만5천분의 1의 지형도
　㉣ 허가 면제 대상 토지면적

ㄴ. 지정 = 해제 = 축소 : 심의

ㄹ. 허가구역 지정·공고내용을 통지받은 <u>시장·군수 또는 구청장</u>은 지체 없이 그 공고내용을 그 허가구역을 관할하는 등기소의 장에게 통지해야 한다.

ㅁ. 지정 = 재지정 = 해제 = 축소 : 시군구는 등기소장에서 통지, 7일 이상 공고, 15일간 일반이 열람

82. ③ 옳은 것 : ㄱ, ㄷ, ㅁ

① 지정권자

1. 둘 이상의 <u>시·도</u>에 걸쳐 있는 경우 : 국토교통부장관

2. 동일한 시·도 안의 일부지역 : 시·도지사

※ 동일한 시도 안의 일부지역이더라도 아래 두 가지를 <u>모두 충족</u>하면 국토교통부장관이 지정할 수 있다.
　㉠ 국가 또는 공공기관이 개발사업 시행
　㉡ 지가가 급격히 상승하거나 우려가 있는 지역

④ 지정 = 해제 = 축소지정 : 심의
　재지정 : 의견 → 심의

81. ④

83. 부동산 거래신고 등에 관한 법령상 토지거래 허가구역으로 지정된 지역에서 용도지역별로 허가를 요하지 아니하는 면적을 옳게 연결한 것은? (국토교통부장관 또는 시·도지사가 해당 기준면적의 10% 이상 300% 범위 안에서 따로 정하여 공고한 경우를 제외함)

① 주거지역 : 150제곱미터 이하

② 상업지역 : 500제곱미터 이하

③ 녹지지역 : 200제곱미터 이하

④ 도시지역 안에서 용도지역의 지정이 없는 구역 : 90제곱미터 이하

⑤ 도시지역외의 지역으로서 농지인 경우 : 1,000제곱미터 이하

84. 부동산 거래신고 등에 관한 법령상 국토교통부장관 또는 시·도지사가 지정한 허가구역에 관한 설명으로 옳은 것은 몇 개인가?

> ㄱ. 허가구역에 있는 토지에 관하여 대가를 받고 소유권을 이전하는 계약(예약을 포함한다)을 체결하려는 당사자는 공동으로 시·도지사의 허가를 받아야 한다.
>
> ㄴ. 개업공인중개사가 공인중개사법령에 따라 허가대상 토지의 거래계약서를 작성한 경우에는 개업공인중개사가 토지거래계약의 허가를 신청해야 한다.
>
> ㄷ. 시장·군수 또는 구청장은 허가신청을 받은 토지가 선매협의 절차가 진행 중인 경우에는 「민원 처리에 관한 법률」에 따른 처리기간 내에 그 사실을 신청인에게 알려야 한다.
>
> ㄹ. 허가를 받지 아니하고 체결한 토지거래계약은 그 효력이 발생하지 아니한다.
>
> ㅁ. 「민원 처리에 관한 법률」에 따른 처리기간에 허가증 발급 또는 불허가처분사유의 통지가 없거나 선매협의사실의 통지가 없는 경우에는 그 기간이 끝난 날에 허가가 있는 것으로 본다.

① 1개 ② 2개 ③ 3개 ④ 4개 ⑤ 5개

※ 허가를 요하지 아니하는 토지면적

도시지역 (용도지역)	주거지역	60㎡ 이하
	상업지역	150㎡ 이하
	공업지역	150㎡ 이하
	녹지지역	200㎡ 이하
	미지정지역	60㎡ 이하
도시지역 외의 지역	기타	250㎡ 이하
	농지	500㎡ 이하
	임야	1,000㎡ 이하

83. ③

ㄱ. 시장·군수 또는 구청장의 허가를 받아야 하며, 허가받은 사항을 **변경**하려는 경우에도 **공동**으로 허가를 받아야 한다.

ㄴ. 거래당사자가 공동으로 허가신청서를 제출해야 한다.

ㄷ. 시장·군수 또는 구청장은 허가신청서를 받으면 「민원 처리에 관한 법률」에 따른 처리기간에 허가 또는 불허가의 처분을 하고, 그 신청인에게 허가증을 발급하거나 불허가처분 사유를 서면으로 알려야 한다. 다만, 선매협의 절차가 진행 중인 경우에는 위의 기간 내에 (민원처리기간) 그 사실을 신청인에게 알려야 한다.

ㅁ. 끝난 날의 다음날에 허가가 있는 것으로 본다. 허가관청은 지체 없이 신청인에게 허가증을 발급해야 한다.

84. ② 옳은 것 : ㄷ, ㄹ

85. 부동산 거래신고 등에 관한 법령상 이행강제금에 관한 설명으로 옳은 것은?

① 허가받아 취득한 토지를 허가받은 목적대로 이용하지 아니하고 방치한 경우는 토지 취득가액의 100분의 7에 상당하는 금액의 이행강제금을 부과한다.

② 허가관청은 최초의 의무이행위반이 있었던 날을 기준으로 하여 1년에 한 번씩 그 이행명령이 이행될 때까지 반복하여 이행강제금을 부과·징수할 수 있다.

③ 허가관청은 이행명령을 받은 자가 그 명령을 이행하는 경우에는 새로운 이행강제금의 부과를 즉시 중지하며 명령을 이행하기 전에 부과된 이행강제금은 징수하지 않는다.

④ 허가관청은 이용 의무기간이 지난 후에는 토지 이용의무 위반에 대하여도 이행강제금을 부과할 수 없다.

⑤ 이행강제금의 부과처분에 불복하는 자는 부과처분을 고지 받은 날부터 30일 이내에 시·도지사에게 이의를 제기할 수 있다.

---

① 방치한 경우에는 토지 취득가액의 100분의 10에 해당하는 이행강제금을 부과한다.

② 허가관청은 <u>최초의 이행명령이 있었던 날을 기준으</u>로 하여 1년에 한 번씩 그 이행명령이 이행될 때까지 반복하여 이행강제금을 부과·징수할 수 있다.

③ 허가관청은 이행명령을 받은 자가 그 명령을 이행하는 경우에는 새로운 이행강제금의 부과를 즉시 중지하되, <u>명령을 이행하기 전에 이미 부과된 이행강제금은 징수해야 한다.</u>

⑤ 부과처분을 고지 받은 날부터 30일 이내에 <u>허가관청</u>에 이의를 제기할 수 있다.

85. ④

85-1. 부동산 거래신고 등에 관한 법령상 토지거래허가제도에 관한 내용입니다. 빈칸을 채워보세요.

ㄱ. 신청서를 받은 허가관청은 지체 없이 필요한 조사를 하고 신청서를 받은 날부터 ___일 이내에 허가·변경허가 또는 불허가처분을 하여야 한다.

ㄴ. 일단(一團)의 토지이용을 위하여 토지거래계약을 체결한 날부터 __년 이내에 일단의 토지 일부에 대하여 토지거래계약을 체결한 경우에는 토지 전체에 대한 거래로 본다.

ㄷ. 허가관청은 매년 __회 이상 토지의 개발 및 이용 등의 실태를 조사하여야 한다.

ㄹ. 시장·군수 또는 구청장은 토지의 이용 의무를 이행하지 아니한 자에 대하여 __개월 이내의 기간을 정하여 토지의 이용 의무를 이행하도록 명할 수 있다.

ㅁ. 허가관청은 **최초의 이행명령이 있었던 날을 기준**으로 하여 1년에 ___ 번씩 그 이행명령이 이행될 때까지 반복하여 이행강제금을 부과·징수할 수 있다.

ㅂ. 이행강제금 부과처분에 이의를 제기하려는 자는 부과처분을 고지받은 날부터 ___일 이내에 해야 한다.

ㅅ. 허가관청은 토지 이용목적의 변경승인신청을 받은 때에는 신청일부터 ___일 이내에 승인여부를 결정하여 신청인에게 서면으로 통지해야 한다.

ㅇ. 국토교통부장관은 연 __회 이상 전국의 지가변동률을 조사하여야 한다.

85-1.

ㄱ. 15	ㄴ. 1	ㄷ. 1	ㄹ. 3
ㅁ. 한	ㅂ. 30	ㅅ. 15	ㅇ. 1

86. 甲은 A도 B군에 토지 220㎡를 소유한 자로서, 관할 A도지사는 甲의 토지 전부가 포함된 녹지지역 일대를 허가구역으로 지정하였다. 부동산 거래신고 등에 관한 법령상 이에 관한 설명으로 옳은 것은? (단, A도지사는 기준면적을 따로 정하지 않았음)

① 甲이 자신의 토지 전부에 대해 대가를 받지 않고 지상권을 설정하려면 B군수로부터 토지거래계약의 허가를 받아야 한다.

② 甲의 토지가 농지이고 허가구역에 거주하는 농업인 乙이 그 허가구역에서 농업을 경영하기 위해 甲의 토지 전부를 임의매수하는 경우에는 토지거래계약 허가를 받지 않아도 된다.

③ 축산업을 영위할 목적으로 토지거래계약을 허가받은 농업인 乙은 대통령령으로 정하는 사유가 있는 경우 외에는 토지취득일부터 4년 동안 그 토지를 허가받은 목적대로 이용해야 한다.

④ 토지거래계약 허가신청에 대해 불허가처분을 받은 경우, 甲은 그 통지를 받은 날부터 1개월 이내에 B군수에게 해당 토지에 관한 권리의 매수를 청구할 수 있다.

⑤ 甲의 토지를 허가받아 취득한 乙이 B군수의 승인을 얻지 아니하고 이용목적을 변경하여 이용한 경우, B군수는 토지 취득가액의 100분의 7에 상당하는 금액의 이행강제금을 부과한다.

1. 이행강제금 : 취득가액의 100분의 10 범위 내
   취득가액은 **실제거래가격** 기준
2. 허가 또는 변경허가를 받지 아니하고 계약을 체결하거나, 부정한 방법으로 허가를 받은 자는 2년 이하의 징역 또는 계약 체결 당시의 **공시지가**에 따른 해당 토지가격의 100분의 30에 해당하는 금액 이하의 벌금에 처한다.
3. 매수청구 : **공시지가** 기준
4. 선매 : **감정가격** 기준

[이의신청]
1. 허가 또는 불허가 처분에 대하여 이의가 있는 자는 그 처분을 받은 날부터 1개월 이내에 시장·군수 또는 구청장에게 이의를 신청할 수 있다.
2. 이의신청을 받은 시장·군수 또는 구청장은 시·군·구 도시계획위원회의 심의를 거쳐 그 결과를 이의신청인에게 알려야 한다.

[매수청구]
1. 불허가의 처분을 받은 자는 그 통지를 받은 날부터 1개월 이내에 시장·군수 또는 구청장에게 해당 토지에 대한 권리의 매수를 청구할 수 있다.
2. 시장·군수 또는 구청장은 국가, 지방자치단체, 한국토지주택공사, 공공기관 또는 공공단체 중에서 매수할 자를 지정한다.
3. 예산의 범위에서 공시지가 기준으로 매수한다. 다만, 허가신청서의 가격이 공시지가보다 낮은 경우에는 허가신청서의 가격으로 매수할 수 있다.

① 대가를 받고 소유권·지상권을 이전하거나 설정하는 계약(예약을 포함)을 체결하려는 당사자는 공동으로 시장·군수 또는 구청장(B군수)의 허가를 받아야 한다.
② 허가를 받아야 하며, 허가신청에 대해 B군수는 허가해야 한다. 또한 토지거래허가를 받은 경우 농지취득자격증명을 받은 것으로 본다. 검인 받은 것으로 본다.
③ 5년의 범위에서 허가받은 목적대로 이용해야 한다.

1. 자기의 거주용 주택용지 2년
2. 복지 또는 편익시설 2년
3. 농업·축산업·임업 또는 어업 2년
4. 협의양도, 수용된 자가 대체토지 2년
5. 사업의 시행 4년
6. 현상보존의 목적 5년

⑤ 이행명령(3개월)이 정하여진 기간에 이행하지 아니한 경우에는 취득가액(실거래가)의 100분의 10 범위에서 이행강제금을 부과한다.

1. 방치 : 100분의 10
2. 임대 : 100분의 7
3. 허가관청 승인 없이 변경 : 100분의 5
4. 1~3에 해당하지 않는 기타 : 100분의 7

86. ④

87. 부동산 거래신고 등에 관한 법령상 토지거래 계약 허가와 관련된 선매제도에 관한 설명으로 옳은 것은?

① 허가받아 취득한 토지를 이용목적대로 이용하고 있는 토지는 선매협의매수 대상이 될 수 있다.

② 시장·군수 또는 구청장은 토지거래계약 허가의 신청이 있는 날부터 15일 이내에 선매자를 지정하여 토지소유자에게 통지해야 한다.

③ 선매자로 지정된 자는 지정통지를 받은 날부터 15일 이내에 매수가격 등 선매조건을 기재한 서면을 토지소유자에게 통지하여 선매협의를 해야 한다.

④ 선매자가 토지를 매수하는 경우의 가격은 공시지가를 기준으로 한다.

⑤ 허가관청은 선매협의가 이루어지지 아니한 경우에는 지체 없이 허가처분을 해야 한다.

88. 부동산 거래신고 등에 관한 법령상 포상금 제도에 관한 설명으로 옳은 것은?

① 토지거래계약의 허가를 받아 취득한 토지를 허가받은 목적대로 이용하지 아니한 자를 허가관청이 적발하기 전에 신고한 자에 대하여는 허가관청이 이행강제금을 부과한 때 포상금을 지급한다.

② 해당 위반행위를 한 자가 아닌 위반행위에 관여한 자가 신고하거나 고발한 경우에는 포상금을 지급한다.

③ 부동산등의 실제 거래가격을 거짓으로 신고한 자를 신고한 경우에 지급하는 포상금은 부과되는 과태료의 100분의 30에 해당하는 금액으로 하며 1천만원을 넘을 수 없다.

④ 토지거래허가를 받지 아니하고 토지거래계약을 체결한 자를 신고 또는 고발한 경우에 받을 수 있는 포상금은 50만원으로 한다.

⑤ 신고관청 또는 허가관청은 포상금 지급신청서가 접수된 날부터 1개월 이내에 포상금을 지급해야 한다.

---

1. 시장·군수 또는 구청장은 아래의 토지에 대하여 허가신청이 있는 경우 선매자를 지정하여 협의 매수하게 할 수 있다.

> ① 공익사업용 토지
> ② 허가를 받아 취득한 토지를 그 이용목적대로 이용하고 있지 아니한 토지

2. 시장·군수 또는 구청장은 허가신청이 있는 날부터 1개월 이내에 선매자를 지정하여 토지 소유자에게 알려야 한다.

3. 선매자는 통지받은 날부터 15일 이내에 선매조건을 기재한 서면을 토지소유자에게 통지하여 선매협의를 해야 한다.

4. 선매자는 통지받은 날부터 1개월 이내에 그 토지 소유자와 선매협의를 끝내야 한다.

5. 선매자는 통지받은 날부터 1개월 이내에 선매협의조서를 허가관청에 제출해야 한다.

6. 허가관청은 선매협의가 이루어지지 아니한 경우에는 지체 없이 허가 또는 불허가의 여부를 결정하여 통보해야 한다.

7. 선매가격 : 감정가격 기준

87. ③

---

① 허가관청의 이행명령이 있는 경우 지급한다.

② 공무원이 직무와 관련하여 발견한 사실을 신고하거나 고발한 경우, 해당 위반행위를 하거나 위반행위에 관여한 자가 신고하거나 고발한 경우, 익명이나 가명으로 신고 또는 고발하여 신고인 또는 고발인을 확인할 수 없는 경우 지급하지 아니할 수 있다.

③ 부과되는 과태료의 100분의 20으로 하며, 1천만원을 넘을 수 없다.

⑤ 신고(허가)관청으로부터 포상금 지급 결정을 통보받은 신고인 또는 고발인은 국토교통부령으로 정하는 포상금 지급신청서를 작성하여 신고관청 또는 허가관청에 제출해야 한다. 신고(허가)관청은 포상금지급신청서가 접수된 날부터 2개월 이내 지급해야 한다.

88. ④

88-1. 부동산 거래신고 등에 관한 법령상 행정기관 또는 수사기관에 신고 또는 고발한 경우에 포상금을 지급받을 수 있는 사유가 <u>아닌</u> 것은?

① 부동산등의 매매계약을 체결하지 아니하였음에도 불구하고 거짓으로 부동산 거래신고를 한 자

② 부정한 방법으로 토지거래계약 허가를 받은 자

③ 개업공인중개사로 하여금 부동산 거래신고를 거짓으로 할 것을 요구한 자

④ 토지거래허가를 받아 취득한 토지에 대하여 허가받은 목적대로 이용하지 아니한 자

⑤ 신고의무자가 아닌 자로서 부동산등의 실제 거래가격을 거짓으로 신고한 자

[신고 또는 고발시 포상금 지급사유]

① 10% 과태료 : 실제 거래가격 거짓신고 한 자 / 신고의무자가 아닌 자로서 실제 거래가격 거짓신고 한 자

② 3,000 과태료 : 매매계약✕ 불구하고 거짓으로 거래신고를 한 자 / 해제등✕ 아니하였음에도 불구하고 거짓으로 해제신고 한 자

③ 100 과태료 : 주택 임대차 계약의 보증금·차임 등 계약금액을 거짓으로 신고한 자

④ 허가 또는 변경허가 받지 않고 토지거래계약 체결한 자, 부정한 방법으로 토지거래계약허가를 받은 자 - 2년 이하 징역 or 30% 이하 벌금

⑤ 허가받은 목적대로 이용✕ 자 - 이행명령, 이행강제금

88-1. ③

89. 부동산거래 전자계약시스템을 이용하여 부동산 거래계약을 체결하는 경우에 관한 설명으로 옳은 것은 몇 개인가?

ㄱ. 부동산거래계약시스템을 통하여 부동산 거래계약을 체결한 경우 개업공인중개사는 부동산 거래계약 신고서를 서면으로 작성하여 제출할 의무가 없다.

ㄴ. 거래계약서가 「전자문서 및 전자거래 기본법」에 따른 공인전자문서센터에 보관된 경우, 개업공인중개사는 서면에 의한 거래계약서를 작성하여 거래당사자에게 교부해야 한다.

ㄷ. 토지거래계약의 불허가 처분을 받은 매도인은 허가관청에 이의신청서를 전자문서로 제출할 수 있다.

ㄹ. 부동산거래 전자계약시스템을 통해 확정일자 부여신청을 하는 경우에도 확정일자 부여에 관한 수수료를 납부해야 한다.

ㅁ. 주택임차인은 관할 등기소에 확정일자 부여 신청을 하는 경우 정보처리시스템을 통하여 전자계약증서에 확정일자 부여를 신청할 수 있다.

ㅂ. 주민센터등은 전산장애 등 특별한 사정이 없는 한 전자확정일자 부여의 신청이 접수된 다음날에 확정일자를 부여해야 한다.

① 1개 ② 2개 ③ 3개 ④ 4개 ⑤ 5개

※ 다음 신고서(신청서)는 신고관청(허가관청)에 전자문서로 제출할 수 있다.

1. 부동산거래계약 신고서
2. 부동산 거래계약의 해제등 신고서
3. 부동산거래계약 정정신청을 하는 경우 부동산거래계약 신고필증
4. 부동산 거래계약 변경 신고서
5. 외국인등의 부동산등 취득·계속보유 신고서 또는 외국인 토지취득 허가신청서
6. 토지거래계약허가신청서 또는 변경허가신청서
7. 토지거래허가 또는 불허가 처분의 이의신청서
8. 불허가처분에 대한 토지매수청구서
9. 취득토지의 이용목적변경 승인신청서

ㄱ. 부동산거래 계약시스템을 통하여 부동산 거래계약을 체결한 경우에는 부동산 거래계약이 체결된 때에 부동산거래계약 신고서를 제출한 것으로 본다.

ㄴ. 거래계약서 & 확인·설명 사항이 공인전자문서센터에 보관된 경우에는 확인·설명 & 거래계약서를 서면으로 작성하여 거래당사자에게 교부하고 보존할 의무가 없다.

ㄹ. 정보처리시스템을 이용하여 주택임대차계약을 체결하고 전자계약증서에 확정일자 부여를 신청한 경우 그 수수료를 면제할 수 있다.

ㅁ. 전자계약증서의 확정일자 부여 신청은 확정일자부여 기관 중 주택 소재지의 읍·면사무소, 동 주민센터 또는 시·군·구(자치구를 말한다)의 출장소에 대하여 한다. 지방법원(×) 지원(×) 등기소(×) 공증인(×)

ㅂ. 주민센터등은 전산장애 등 특별한 사정이 없는 한 전자확정일자 부여의 신청이 접수된 당일에 확정일자를 부여하여야 한다. 다만, 평일 16시 이후 또는 토요일이나 공휴일에 신청이 접수된 경우에는 다음 근무일에 부여할 수 있다.

89. ② 옳은 것 : ㄱ, ㄷ

90. 개업공인중개사가 분묘와 관련된 토지에 관하여 매수의뢰인에게 설명한 내용으로 옳은 것은?

① 가족묘지를 설치한 자는 묘지를 설치한 후 30일 이내에 묘지를 관할하는 시장등에게 신고해야 한다.

② 가족자연장지를 조성하려는 자는 관할 시장등에게 신고해야 한다.

③ 공설묘지 및 사설묘지에 설치된 분묘의 설치기간은 연장을 신청하지 않는 한 60년으로 한다.

④ 가족묘지 안의 분묘 1기 및 그 분묘의 상석·비석 등 시설물을 설치하는 구역의 면적은 합장하는 경우에 10제곱미터를 초과해서는 아니 된다.

⑤ 종중자연장지를 조성하려는 자는 관할 시장등의 허가를 받아야 한다.

91. 甲과 乙은 乙을 명의수탁자로 하는 계약명의신탁약정을 하였고, 이에 따라 乙은 丙소유 X토지를 매수하여 乙명의로 등기하였다. 개업공인중개사가 「부동산 실권리자명의 등기에 관한 법률」의 적용과 관련하여 설명한 내용으로 옳은 것을 모두 고른 것은?(다툼이 있으면 판례에 따름)

> ㄱ. 甲과 乙의 위 약정을 丙이 알지 못한 경우 甲과 乙의 약정은 유효하다.
>
> ㄴ. 甲과 乙의 위 약정을 丙이 알지 못한 경우 乙과 丙의 매매계약은 유효하다.
>
> ㄷ. 甲과 乙의 위 약정을 丙이 안 경우, 乙은 X토지의 소유권을 취득한다.
>
> ㄹ. 甲과 乙의 위 약정을 丙이 안 경우, 乙로부터 X토지를 매수하여 등기한 丁은 X토지의 소유권을 취득한다.

① ㄴ, ㄹ   ② ㄹ   ③ ㄴ
④ ㄱ, ㄷ   ⑤ ㄱ, ㄷ, ㄹ

① 개인묘지(1기의 분묘 또는 배우자관계에 있던 자의 분묘를 동일한 구역 안에 설치하는 묘지)는 30일 이내에 신고

가족묘지, 종중·문중묘지, 법인묘지를 설치하려는 경우에는 묘지 관할 시장등의 허가를 받아야 한다.

②⑤ 가족자연장지, 종중·문중자연장지를 조성하려는 자는 관할 시장등에게 신고해야 한다.

③ 분묘의 설치기간은 30년으로 한다. 연장을 신청하는 경우에는 1회에 한하여 그 설치기간을 30년으로 하여 연장해야 한다. 설치기간이 끝난 분묘의 연고자는 <u>1년 이내</u>에 해당 분묘에 설치된 시설물을 철거하고 매장된 유골을 화장하거나 봉안해야 한다.

④ 가족묘지(100㎡ 이하), 종중 또는 문중묘지(1,000㎡ 이하), 법인묘지(10만㎡ 이상) : 분묘 1기 및 시설물의 면적은 단분은 10㎡(합장의 경우에는 15㎡)를 초과해서는 안 된다.

90. ②

개인묘지	가족묘지	종중·문중묘지	법인묘지
30일 이내 신고	허가	허가	허가
30일 이내 신고	미리 신고	미리 신고	허가
개인자연장지	가족자연장지	종중·문중자연장지	법인자연장지

ㄱ. 甲과 乙의 명의신탁약정을 丙이 알지 못한 경우라도 명의신탁약정은 무효이다. X

ㄴ. 매도인 丙이 선의인 경우 乙과 丙과의 매매계약은 유효하며 乙이 소유권을 취득한다. O

ㄷ. 丙이 악의인 경우, 丙이 X토지의 소유자이다. X

ㄹ. 甲과 乙의 명의신탁약정을 丙이 알았든 몰랐든 乙로부터 X토지를 매수하여 등기한 제3자 丁은 선의·악의를 불문하고 소유권을 취득한다. O

91. ①

92. 개업공인중개사가 임대인 甲과 임차인 乙에게 주택임대차보호법령에 관하여 설명한 내용으로 옳은 것은?

① 우선변제권을 승계한 금융기관은 우선변제권을 행사하기 위해 乙을 대위하여 임대차 계약을 해지할 수 있다.

② 서울특별시에 소재하는 주택을 보증금 1억 5천만원, 월차임 100만원에 임차한 乙은 대항요건을 갖추었을 때, 경매시 보증금 중 일정액을 다른 담보물권자보다 우선하여 변제받을 수 없다.

③ 주택임대차계약을 서면으로 체결할 때에는 甲과 乙이 다른 서식을 사용하기로 한 합의가 없는 한 국토교통부장관이 법무부장관과 협의를 거쳐 정하여 주택임대차표준계약서를 우선적으로 사용한다.

④ 임차주택의 반환에 관한 분쟁이 발생한 경우 甲은 주택임대차 분쟁조정위원회에 조정을 신청할 수 있다.

⑤ 조정위원회로부터 조정안을 통지받은 甲과 乙이 통지받은 날부터 14일 이내에 수락의 의사를 서면으로 표시하지 아니한 경우에는 조정안과 동일한 내용의 합의가 성립된 것으로 본다.

① 임차인을 대위하여 임대차계약을 해지할 수 없다.
② 서울에서 보증금 1억 6천5백만원 이하인 경우에는 월차임 유무에 관계없이 소액임차인에 해당한다. 지문의 임차인은 소액임차인에 해당하므로 5,500만원을 최우선변제 받을 수 있다.
③ 법무부장관이 국토교통부장관과 협의를 거쳐
⑤ 조정위원회가 조정안을 작성한 경우에는 그 조정안을 지체 없이 각 당사자에게 통지해야 한다. 조정안을 통지받은 당사자가 통지받은 날부터 14일 이내에 수락의 의사를 서면으로 표시하지 아니한 경우에는 조정을 거부한 것으로 본다. 각 당사자가 조정안을 수락한 경우에는 조정안과 동일한 내용의 합의가 성립된 것으로 본다.

92. ④

93. 개업공인중개사가 임대인 甲과 임차인 乙간에 X주택의 임대차 계약을 중개하면서 주택임대차보호법령을 설명한 내용으로 틀린 것은? (다툼이 있으면 판례에 의함)

① 乙은 지방법원의 지원으로부터 확정일자를 받을 수 있다.

② 임대차계약을 체결하려는 乙은 甲의 동의를 얻어 확정일자 부여기관에 X주택의 임대인과 임차인의 인적사항이 기록된 서면의 교부를 요청할 수 있다.

③ 乙이 甲에게 보증금의 일부만을 지급하고 대항요건과 확정일자를 갖춘 다음 나머지 보증금을 나중에 지급한 경우라도 대항요건과 확정일자를 갖춘 때를 기준으로 우선변제권을 취득한다.

④ 乙이 임차주택의 일부를 주거 외의 목적으로 사용하더라도 동법의 보호를 받을 수 있다.

⑤ 乙이 2023년 9월 1일 임대차계약서에 확정일자를 받은 후 9월 3일 주택의 인도와 주민등록을 한 경우 우선변제권은 9월 4일에 발생한다.

① 확정일자는 읍·면사무소, 동 주민센터 또는 시·군·구(자치구)의 출장소, 지방법원 및 그 지원, 등기소 또는 공증인이 부여한다.
② 임대차계약을 체결하려는 자는 임대인의 동의를 얻어 인적사항을 제외한 확정일자 부여일 등 정보의 제공을 요청할 수 있다.
③ 임차인에게 우선변제권이 인정되기 위하여 대항요건과 확정일자를 갖추는 것 외에 계약 당시 임차보증금이 전액 지급되어 있을 것을 요구하지는 않는다. 따라서 임차인이 임대인에게 임차보증금의 일부만을 지급하고 대항요건과 확정일자를 갖춘 다음 나머지 보증금을 나중에 지급하였다고 하더라도 특별한 사정이 없는 한 대항요건과 확정일자를 갖춘 때를 기준으로 우선변제권을 갖는다고 보아야 한다(2017다212194).

93. ②

93-1. 개업공인중개사가 임대인 甲과 임차인 乙에게 주택임대차보호법령상 계약갱신요구에 관하여 설명한 것으로 옳은 것은 모두 몇 개인가?

ㄱ. 甲의 자녀가 목적 주택에 실제 거주하려는 경우 甲은 乙의 계약갱신요구를 거절할 수 있다.

ㄴ. 甲이 乙과 합의로 乙에게 상당한 금액을 보상한 경우 甲은 乙의 계약갱신요구를 거절할 수 있다.

ㄷ. 乙의 계약갱신요구권은 최초의 임대차기간을 포함한 전체 임대차기간이 10년을 초과하지 아니하는 범위에서만 행사할 수 있다.

ㄹ. 乙의 계약갱신요구에 의해 갱신된 임대차는 전 임대차와 동일한 조건으로 다시 계약된 것으로 본다.

ㅁ. 乙의 계약갱신요구에 의하여 갱신된 임대차의 존속기간은 2년으로 보며 그 기간 중 乙은 임대차 계약을 해지할 수 없다.

① 1개   ② 2개   ③ 3개   ④ 4개   ⑤ 5개

94. 개업공인중개사가 상가건물의 임대인 甲, 임차인 乙 및 乙이 주선한 신규 임차인 丙에게 권리금 회수기회 보호규정을 설명한 내용으로 **틀린** 것은? (다툼이 있으면 판례에 따름)

① 甲은 임대차기간이 끝나기 6개월 전부터 임대차 종료 시까지 정당한 사유 없이 丙에게 권리금을 요구하거나 수수하는 행위를 해서는 안 된다.

② 甲의 건물이 대규모점포로서 「전통시장 및 상점가 육성을 위한 특별법」에 따른 전통시장인 경우 乙은 권리금 회수기회 보호규정을 적용받지 못한다.

③ 乙이 甲의 동의 없이 임차건물의 일부를 전대한 경우 甲은 乙이 丙으로부터 권리금을 받지 못하게 할 수 있다.

④ 甲이 임차건물을 1년 6개월 이상 영리목적으로 사용하지 아니한 경우 甲은 丙과의 임대차계약의 체결을 거절할 수 있다.

⑤ 국토교통부장관은 권리금에 대한 감정평가의 절차와 방법 등에 관한 기준을 고시할 수 있다.

임대차 목적물인 상가건물이 「유통산업발전법」에 따른 대규모점포 또는 준대규모점포의 일부인 경우에는 권리금 회수기회 보호규정이 적용되지 않으나 「전통시장 및 상점가 육성을 위한 특별법」에 따른 전통시장의 경우는 권리금 회수기회 보호규정이 적용된다.

1. 국토교통부장관은 법무부장관과 협의를 거쳐 임차인과 신규임차인이 되려는 자가 권리금 계약을 체결하기 위한 표준권리금계약서를 정하여 그 사용을 권장할 수 있다.

2. 국토교통부장관은 권리금에 대한 감정평가의 절차와 방법 등에 관한 기준을 고시할 수 있다.

3. 법무부장관은 국토교통부장관과 협의를 거쳐 보증금, 차임액, 임대차기간, 수선비 분담 등의 내용이 기재된 상가건물임대차표준계약서를 정하여 그 사용을 권장할 수 있다.

ㄷ. 임차인은 제1항에 따른 계약갱신요구권을 1회에 한하여 행사할 수 있다. 이 경우 갱신되는 임대차의 존속기간은 2년으로 본다.

ㅁ. 임차인의 계약갱신요구에 의하여 갱신된 경우 임차인은 언제든지 임대인에게 계약해지를 통지할 수 있으며 해지는 임대인이 그 통지를 받은 날부터 3개월이 지나면 그 효력이 발생한다.

93-1. ③ 옳은 것 ㄱ, ㄴ, ㄹ

94. ②

95.
甲과 乙은 2023. 9. 1. 서울특별시 소재 甲 소유 X상가건물에 대하여 보증금 3억원, 월차임 700만원으로 하는 임대차계약을 체결한 후, 乙은 X건물을 인도받고 사업자등록을 신청하였다. 개업공인중개사가 「상가건물 임대차보호법」의 적용과 관련하여 설명한 내용으로 옳은 것은 몇 개인가?

> ㄱ. X건물이 경매될 경우 乙은 후순위 권리자 기타 채권자보다 보증금을 우선하여 변제받을 수 있다.
>
> ㄴ. 乙의 차임연체액이 1,400만원에 달하는 때에는 甲은 임대차 계약을 해지할 수 있다.
>
> ㄷ. 乙의 갱신요구에 따라 갱신되는 경우 甲은 주변 상가건물의 차임 등 경제사정의 변동을 이유로 차임의 100분의 10을 증액하여 줄 것을 요청할 수도 있다.
>
> ㄹ. 甲과 乙의 계약이 묵시적으로 갱신된 경우 甲은 언제든지 乙에게 계약해지를 통고할 수 있다.
>
> ㅁ. 甲과 乙이 임대차 기간을 1년 미만으로 정한 경우 그 기간을 1년으로 본다.

① 1개 ② 2개 ③ 3개 ④ 4개 ⑤ 5개

ㄱ. 환산보증금을 초과하는 임차인은 확정일자에 의한 우선변제권을 취득할 수 없다. X

ㄴ. 3기(2,100만원) 연체된 경우 해지할 수 있다. X

ㄷ. 환산보증금을 초과하는 임대차의 계약갱신의 경우에는 당사자는 상가건물에 관한 조세, 공과금, 주변 상가건물의 차임 및 보증금, 그 밖의 부담이나 경제사정의 변동 등을 고려하여 차임과 보증금의 증감을 청구할 수 있다. O

ㄹ. 환산보증금을 초과하는 임대차의 묵시적 갱신은 민법을 적용한다. 임대인과 임차인 모두 계약의 해지통고를 할 수 있고, 임대인이 통고한 경우 6개월, 임차인이 통고한 경우 1개월이 경과하면 효력이 생긴다. O

ㅁ. 환산보증금을 초과하는 경우에는 적용되지 않는 규정이다. X

95. ② 옳은 것 : ㄷ, ㄹ

96.
개업공인중개사가 부동산 경매에 관하여 의뢰인에게 설명한 내용으로 틀린 것은?

① 차순위매수신고를 한 사람이 2인 이상이고 신고한 매수가격이 같은 때에는 추첨으로 정한다.

② 허가할 매수가격의 신고 없이 매각기일이 최종적으로 마감된 때에는 법원은 최저매각가격을 상당히 낮추고 새 매각기일을 정해야 한다.

③ 민법·상법 그 밖의 우선변제권이 있는 채권자는 매각결정기일까지 배당요구를 할 수 있다.

④ 재매각절차에서 전(前)의 매수인은 매수신청을 할 수 없다.

⑤ 재매각을 실시하는 경우에는 종전의 최저매각가격 그 밖의 매각조건을 적용한다.

① 차순위매수신고는 그 신고액이 최고가매수신고액에서 그 보증을 뺀 금액을 넘는 때에만 할 수 있다. 차순위매수신고를 한 자가 둘 이상인 경우 매수가격이 높은 자가 되고, 신고한 매수가격이 같은 때에는 추첨으로 정한다.

② 새 매각 : 허가할 매수가격의 신고가 없이 매각기일이 최종적으로 마감된 때에는 법원은 최저매각가격을 상당히 낮추고 새 매각기일을 정해야 한다.

새 매각 : 매각을 허가하지 아니하고 다시 매각을 명하는 때에는 법원은 직권으로 새 매각기일을 정해야 한다.

③ 압류 : 부동산의 압류는 채무자에게 그 결정이 송달된 때 또는 경매등기가 된 때에 효력이 생긴다.

배당요구 종기결정 및 공고 : 배당요구의 종기결정 및 공고는 경매개시결정에 따른 압류의 효력이 생긴 때부터 1주일 내에 해야 한다. 배당요구를 할 수 있는 종기는 첫 매각기일 이전으로 정한다.

96. ③

97. 개업공인중개사가 경매에 대해 의뢰인에게 설명한 내용으로 옳은 것은?

① 매수신고가 있은 뒤에는 경매신청이 취하되더라도 경매개시결정으로 인한 압류의 효력은 소멸되지 않는다.

② 기일입찰에서 매수신청인은 매수신고가격의 10분의 1에 해당하는 보증을 집행관에게 제공해야 한다.

③ 매각허가결정에 대하여 항고를 하려는 자는 매각대금의 10분의 1에 해당하는 금전 또는 법원이 인정한 유가증권을 공탁해야 한다.

④ 공유자는 매각결정기일까지 매수신청의 보증을 제공하고 최고매수신고가격과 같은 가격으로 채무자의 지분을 우선매수하겠다는 신고를 할 수 있다.

⑤ 매각허가결정이 확정되면 매수인은 법원이 정한 대금지급기일에 매각대금을 지급해야 한다.

98. 공인중개사의 매수신청대리인 등록 등에 관한 규칙의 내용으로 옳은 것은?

① 소속공인중개사는 중개사무소 소재지 관할 지방법원장에게 매수신청대리인 등록을 신청할 수 있다.

② 법인인 개업공인중개사의 경우 대표자, 임원 또는 사원의 전원이 등록신청일 전 1년 이내에 법원행정처장이 지정하는 교육기관에서 부동산 경매에 관한 실무교육을 이수해야 한다.

③ 매수신청대리인은 매수신청대리업을 폐업하고자 하는 때에는 감독법원에 그 사실을 미리 신고해야 한다.

④ 매수신청대리인으로 등록한 개업공인중개사는 업무를 개시하기 전에 손해배상책임을 보장하기 위하여 보증보험 또는 공제에 가입하거나 공탁을 해야 한다.

⑤ 공장 및 광업재단 저당법에 따른 광업재단은 매수신청대리 대상물이 될 수 없다.

---

① **취하** : 경매신청이 취하되면 압류의 효력은 소멸된다. 매수신고가 있은 뒤 경매신청을 취하하는 경우에는 최고가매수신고인 또는 매수인과 차순위매수신고인의 동의를 받아야 그 효력이 생긴다.

② **매수신청보증** : 최저매각가격의 10분의 1

④ **공유자 우선매수신고** : 공유자는 매각기일까지 보증을 제공하고 최고매수신고가격과 같은 가격으로 채무자의 지분을 우선매수하겠다는 신고를 할 수 있다. 법원은 최고가매수신고가 있더라도 그 공유자에게 매각을 허가하여야 한다. 공유자가 우선매수신고를 한 경우에는 최고가매수신고인을 차순위매수신고인으로 본다.

⑤ **대금지급기한** : 매각허가결정이 확정되면 법원은 대금의 지급기한을 정하고, 이를 매수인과 차순위매수신고인에게 통지하여야 한다. 매수인은 대금지급기한까지 매각대금을 지급하여야 한다.

97. ③

① 소속공인중개사는 매수신청대리 등록을 할 수 없다.

② 경매에 관한 실무교육은 법인인 개업공인중개사의 경우 '대표자'만 받을 의무가 있고, 법원행정처장이 실시하는 것을 주의한다.

④ **중개업** : 중개사무소 개설등록을 한 때에는 업무를 개시하기 전에 보증보험 또는 공제에 가입하거나 공탁을 해야 한다.

매수신청대리 : 매수신청대리인이 되고자 하는 개업공인중개사는 손해배상책임을 보장하기 위하여 보증보험 또는 협회의 공제에 가입하거나 공탁을 해야 한다.

⑤ 입목, 광업재단, 공장재단은 모두 매수신청대리 대상물에 포함된다.

98. ③

99. 공인중개사의 매수신청대리인 등록 등에 관한 규칙의 내용으로 옳은 것은 몇 개인가?

> ㄱ. 매수신청대리 보수의 영수증에는 공인중개사법에 따라 중개행위를 위해 등록관청에 등록한 인장을 날인해야 한다.
>
> ㄴ. 개업공인중개사는 보수표와 보수에 대하여 위임인에게 위임계약이 체결된 때 설명해야 한다.
>
> ㄷ. 매수인이 부담하여야 할 사항은 개업공인중개사가 매수신청대리를 위임받은 경우 설명해야 할 사항에 포함된다.
>
> ㄹ. 매수신청대리업의 휴업은 3개월을 초과할 수 없다.
>
> ㅁ. 지방법원장은 매수신청대리업무에 대한 감독의 사무를 지원장과 협회의 시·도지부에 위탁할 수 있다.

① 1개 ② 2개 ③ 3개 ④ 4개 ⑤ 5개

ㄱ. 매수신청대리 사건카드, 확인·설명서, 보수 영수증에는 중개행위를 위해 등록관청에 등록한 인장을 사용하여 서명날인해야 한다. 사건카드와 확인·설명서는 철하여 5년간 보존해야 한다.

ㄴ. 위임계약 전에 설명해야 한다.

ㄷ. 권리관계, 경제적 가치, 매수인이 부담하여야 할 사항

ㄹ. 3월을 초과하는 매수신청대리업을 휴업을 하고자 할 때, 폐업을 하고자 할 때, 휴업한 대리업을 재개하고자 하는 때에는 감독법원에 그 사실을 미리 신고해야 한다. 휴업기간을 변경하고자 하는 때에도 같다. 휴업은 6월을 초과할 수 없다.

ㅁ. 법원행정처장은 매수신청대리업무에 관하여 협회를 감독한다.
지방법원장은 매수신청대리업무에 관하여 협회의 시·도지부와 개업공인중개사를 감독한다. 지방법원장은 매수신청대리업무에 대한 감독의 사무를 지원장과 협회의 시·도지부에 위탁할 수 있다.
감독의 사무를 행하는 협회의 시·도지부는 중개사무소 출입·조사 또는 검사를 할 수 있다.

99. ③ 옳은 것 : ㄱ, ㄷ, ㅁ

100. 甲은 매수신청대리인으로 등록한 개업공인중개사 乙에게 경매대상 부동산에 대한 매수신청대리의 위임을 하였다. 이에 관한 설명으로 옳은 것은 몇 개인가?

> ㄱ. 乙은 중개사무소 개설등록이 취소된 경우에는 그 사유가 발생한 날로부터 10일 이내에 지방법원장에게 그 사실을 신고해야 한다.
>
> ㄴ. 보수의 지급시기는 매수신청인과 매수신청대리인의 약정에 따라 매각결정기일로 할 수 있다.
>
> ㄷ. 매수신청대리 업무정지기간은 1년 이상 2년 이내로 한다.
>
> ㄹ. 등록 후 매수신청대리 등록요건을 갖추지 못하게 된 경우, 지방법원장은 매수신청대리인 등록을 취소해야 한다.
>
> ㅁ. 개업공인중개사가 공인중개사법에 따라 업무의 정지를 당한 경우 지방법원장은 매수신청대리업무를 정지하는 처분을 해야 한다.
>
> ㅂ. 최근 1년 이내에 이 규칙에 따라 2회 이상 업무정지처분을 받고 다시 업무정지처분에 해당하는 행위를 한 경우, 지방법원장은 매수신청대리인 등록을 취소해야 한다.

① 1개 ② 2개 ③ 3개 ④ 4개 ⑤ 5개

ㄱ. 개업공인중개사는 다음에 해당하는 경우에는 그 사유가 발생한 날부터 10일 이내에 지방법원장에게 그 사실을 신고해야 한다.

1. 중개사무소를 이전한 경우
2. 중개업을 휴업 또는 폐업한 경우
3. 분사무소를 설치한 경우
4. 공인중개사 자격이 취소된 경우
5. 공인중개사 자격이 정지된 경우
6. 중개사무소 개설등록이 취소된 경우
7. 중개업무가 정지된 경우

ㄴ. 보수의 지급시기는 매수신청인과 매수신청대리인의 약정에 따르며, 약정이 없을 때에는 매각대금의 지급기한일로 한다.

ㄷ. **1개월 이상 2년 이내**로 한다.

ㄹ. **대리 절대적 등록취소** : 등록 당시 대리 등록요건을 갖추지 않았던 경우, 등록 당시 대리 결격사유가 있었던 경우

   대리 임의적 등록취소 : 등록 후 등록요건을 갖추지 못하게 된 경우, 등록 후 결격사유가 있게 된 경우

ㅁ. 폐업, 자격취소, 중개업 등록취소 : 대리 절대적 등록취소 휴업, 자격정지, 중개업 업무정지 : 대리 **절**대적 **업무정지**

ㅂ. 최근 1년 이내에 이 규칙에 따라 2회 이상 업무정지처분을 받고 다시 업무정지처분에 해당하는 행위를 한 경우, 지방법원장은 매수신청대리인 <u>등록을 취소할 수 있다</u>.

100. ③ 옳은 것 ㄱ, ㄴ, ㅁ

◦희망을 가지세요. 잘 될 겁니다.
합격을 기원합니다!

- 정지웅 드림 -

2023 박문각 공인중개사

정지웅 최종요약서 ②차 공인중개사법·중개실무

초판인쇄 │ 2023. 7. 25. **초판발행** │ 2023. 7. 30. **편저** │ 정지웅 편저

발행인 │ 박 용 **발행처** │ (주)박문각출판 **등록** │ 2015년 4월 29일 제2015-000104호

주소 │ 06654 서울시 서초구 효령로 283 서경빌딩 4층 **팩스** │ (02)584-2927

전화 │ 교재 주문 (02)6466-7202, 동영상문의 (02)6466-7201

> 저자와의
> 협의하에
> 인지생략

정가 16,000원
ISBN 979-11-6987-460-1